Zyprisch kochen

Lenia und
Barnim Heiderich

Zyprisch kochen

Gerichte und ihre Geschichte

Edition d i á

Erste Auflage Mai 1992

Lektorat: Gabriele Kosack, Berlin
Gestaltung und Satz: Rainer Zenz, Berlin
Umschlag unter Verwendung einer Fotografie
von Barnim Heiderich, Aachen
Fotografien: A. Manolis, Nikosia (Seite 40 b)
und Barnim Heiderich, Aachen (übrige Seiten)
Lithographie: Rainer Maulbetsch, Berlin
Druck und Bindung: Ebner Ulm
ISBN 3 905482 65 7

Bitte fordern Sie unser Gesamtverzeichnis an:
Edition diá, Urbanstraße 169, D-1000 Berlin 61
Edition diá, Rosenbergstrasse 2, CH-9000 St. Gallen

Inhalt

Die Zyprer und ihre Küche

Die Zyprer sind ein lebensfrohes Volk. Sie verstehen es, die Widrigkeiten des Alltags als lächerliche Folge ihrer liebenswerten Schusseligkeit anzusehen und ihr Unterliegen im Tageskampf zu einer abenteuerlichen Komödie zu stilisieren, in der sie selbst die naiven Helden sind. An den lauen Sommerabenden sitzen sie unter ihrer *klimatariá*, der Weinlaube, im Kreise der Großfamilie und erzählen mit ebensoviel Witz wie Charme, welche Fallen das Schicksal ihnen heute gestellt hat und wie sie mit Christi und der *Panajía* (Muttergottes) Hilfe, mit Bauernschläue und durch glückliche Zufälle doch das Schlimmste verhindern konnten.

Tragödien kennen sie nur in den Gefühlen, besonders in der Liebe, die hier von der handfesten Art ist. Sie ist – seit Aphrodite bei Páfos der Meeresgischt entstieg – so heiß und allumfassend, daß ihre Enttäuschung einen jähen Absturz ins Chaos bedeutet. Ihr Gegenstück, der Haß, hat Griechen und Türken zu den unglaublichsten Grausamkeiten gegeneinander verleitet, obwohl sie noch vor wenigen Jahrzehnten in einer freundschaftlichen Gemeinschaft lebten, die von Respekt und neugieriger Zuneigung geprägt war. Wie sehr sich die Wendigkeit der Griechen und die Beharrlichkeit der Türken ergänzen, sieht zur Zeit nur der Außenstehende.

Ein Volk, das sich, wie die Zyprer, über Jahrtausende durch immer neue Einwanderer und Eroberer verändert und geformt hat, das seit Jahrtausenden seine Häfen fremden Seefahrern zur Verfügung stellt, dessen Söhne versuchen, in fernen Ländern ihr Glück zu machen, ein solches Volk besitzt die Offenheit für Fremdes, Neugier auf Anderes und Toleranz für Merkwürdiges.

Und noch eines zeichnet die Inselbevölkerung – Griechen wie Türken – aus: Großzügigkeit. Nie werden dem Gast die Fleischstücke auf der Gabel abgezählt. Verluste verbucht man mit der gleichen levantinischen Gelassenheit wie Gewinne, und eine großzügige Geste ist dem Zyprer wichtiger als krämerische Gewinnmaximierung. So kann gar der vernünftig Wirtschaftende unversehens in den Ruf eines Geizhalses geraten, der verschwenderische Bankrotteur hingegen mag wohlwollender Nachsicht begegnen. Der zyprische Gastgeber rupft sein letztes Huhn, um seinen Gast angemessen zu sättigen, und nimmt notfalls die ganze Verwandtschaft in Anspruch, um die Wünsche des Gastes zu befriedigen. Vielleicht ist das der Grund, weshalb Zyprer im Urlaub so gern auf Logierbesuch zu Verwandten und Freunden gehen. Kein Hotel bietet einen vergleichbaren Service.

Wenn sich die zyprische Großfamilie abends an ihrem Platz im Freien niederläßt, wenn die Spatzen im Eukalyptusbaum endlich Ruhe geben und der Mond in unwirklicher Größe hinter der Opuntienhecke aufsteigt, wenn in der lauen Nacht die Hitze des Tages vergeht, dann bildet das gemeinsame Essen den würdigen Rahmen für das soziale Ereignis des Tages. Zwar will man auch auf Zypern satt werden, aber wichtiger ist, daß ein gutes Mahl die richtige Stimmung für angeregte Gespräche schafft und damit die Gemeinsamkeit fördert. Das Kochen ist wie eine »Hilfswissenschaft«, und das Essen bildet den Rahmen, doch im Mittelpunkt stehen die Menschen. Meist sitzen acht, zehn oder mehr Personen aller Altersstufen an dem langen Tisch, auf dem die Unordnung im Verlauf der Mahlzeit mehr und mehr zunimmt. Jeder kommt zu Wort. Spitze Bemerkungen gegeneinander und gegen Dritte sind selten. Lachen behält die Oberhand. Solche Abende in der Großfamilie sind ein Stück vom Paradies.

Wenn es so etwas wie einen Volkscharakter gibt, dann zeigt er sich in der nationalen Küche. Ihr Maß an Raffinement entspricht der Feinheit der geistigen Struktur. Die Menge der aufgenommenen fremden Rezepte ist Gradmesser der Weltoffenheit. Die Deftigkeit der Speisen weist auf die Vitalität hin, und der großzügige Umgang mit den Zutaten kennzeichnet die Lebensfreude und die Lust an der Opulenz.

Die Küche Zyperns ist zwar unkompliziert, aber doch so mit Überraschungen gespickt, daß man den zyprischen Köchen und Essern eine beachtliche Wendigkeit zusprechen muß. Die Küche ist weltoffen, nahezu bis zum Verlust der eigenen Identität, und sie strotzt von Lebenskraft, weil sie aus dem vollen schöpft. Da Zypern sich seit geraumer Zeit eines breiten Wohlstands erfreut und das fruchtbare Land alles Erdenkliche an Zutaten bietet, konnte sich hier eine Eßkultur entwickeln, die zwar mit den berühmten der Welt nicht wetteifern kann und will, jedoch eine Reihe in hohem Maße verfeinerter Gerichte bietet. Den Zyprern fehlt es weder an Ideen noch an Zutaten. An der Schnittstelle von Orient und Okzident gelegen, verbindet ihre Küche morgenländische Kochtradition mit abendländischen Geschmacksvorstellungen. Phönizier, Griechen, Römer, Araber, Franzosen, Venezianer, Türken, Engländer und neuerdings Libanesen haben im Verlauf von drei Jahrtausenden zu dieser Küche beigetragen. Aber nicht nur die fremden Eroberer haben ihre Gerichte der Küche des Landes hinterlassen. Auch zurückkehrende Auswanderer und Gastarbeiter brachten und bringen vieles mit.

Trotz der Fremdeinflüsse ist der Kochstil auffallend homogen geblieben. Die griechisch-türkische Geschmacksrichtung mit ihrer Vorliebe für Gegrilltes und Eintopfgerichte sowie der reichlichen Verwendung von Zitrone, Joghurt und Knoblauch bildet die Basis auch der zyprischen Küche. Während die Griechen jedoch viele Gewürze weder benutzen noch kennen und Kräuter außer Dill, Fenchelkraut und Petersilie eigentlich nur auf der Pílion-Halbinsel verwandt werden, schwelgen die Zyprer in Minze, Selleriegrün, Korianderkraut, Estragon, Basilikum, frischem Kardamom, Portulak und Senfrauke. Die milden Gewürze der orientalischen Küche werden auf Zypern mit ebensoviel Liebe wie Überlegung verwandt. Dabei hütet man sich, die Speisen so scharf werden zu lassen wie oft in der

Türkei. Die typisch türkische Kombination von Paprika, Kreuzkümmel und Knoblauch findet man auf Zypern nur in einigen armenischen Gerichten wie *Lachmadsiú*. Piment wird fast gar nicht verwandt, Cayennepfeffer selten.

Wer die griechische und die türkische Küche kennt, wird auf Zypern auf völlig neue Geschmackserlebnisse stoßen. So lernt er in den zyprischen *Tawás*-Gerichten gewissermaßen die kokette Verwandtschaft des etwas lahmen griechischen *Stifádos* kennen. Er wird dem Charme der *Afélia*-Gerichte mit ihrer anziehenden Verbindung von Koriander und Wein erliegen. Die zyprischen *Keftédes* mit ihrem unvergleichlichen Zusammenspiel von Zimt, Minze und Petersilie werden ihn betören. Durch die Verwendung von Sesamöl, Wein, Koriander, Zimt oder Orangenblütenwasser und durch die Technik des Anbratens vor dem Fertigkochen bzw. Fertigbacken erhalten viele Gerichte den exotischen Hauch des Morgenlandes. Weitere Besonderheiten: der *Challúmi*-Käse, dessen Heimat die arabischen Beduinenzelte sind; der bereits im alten Rom beliebte *Commandaría*, dessen Reben im späten Mittelalter nach Madeira gelangten und dem dortigen Wein zu Weltruhm verhalfen; die Verwendung der aus Ägypten stammenden Kolokasie und ihrer Ausläuferknollen; die große Palette der Salzgebäcke und der Charlotten.

Manche Speisen werden zwar unter dem gleichen Namen in ähnlicher Weise in Griechenland oder der Türkei gekocht, trotzdem schmecken sie auf Zypern meist völlig anders, weil die Sauce eine andere ist oder wesentliche Gewürze ausgetauscht wurden. Die zyprische Küche hat sich weit von der griechischen und der türkischen entfernt. Am auffallendsten sind der italienische und der arabische Einfluß. Obwohl die Venezianer nur kurz Herren der Insel waren (1489 bis 1571), von der sie den ersten Puderzucker unter dem Namen *»polvere de cipro«* nach Mitteleuropa brachten, haben sie weit in die Zeit der osmanischen Besetzung hinein einen kulturellen

Einfluß auf der Insel ausgeübt, weil ihre Schiffe die einzige Verbindung zum christlichen Westen darstellten. Dort bestanden große orthodoxe Gemeinschaften, mit denen enge Kontakte gepflegt wurden. Auf Zypern kauften venezianische und genuesische Händler den in Venedig als »Heilmittel« steuerfreien *Commandaría* und die als Delikatesse begehrten, in Essig eingelegten Singvögel *(Ambelopúlia)*, von denen ganze Schiffsladungen in italienischen Häfen gelöscht wurden. Diesem engen Kontakt verdankt nicht nur Westeuropa den Blumenkohl, der im 16. Jahrhundert über Genua zu uns gelangte, sondern auch Zypern fast alle seine Nudelgerichte, die schon vom Namen her erkennbar italienischen Ursprungs sind, zum Beispiel *Rawióles*, *Pastítsio* und *Lasánia* – *»Kanelónia«* dagegen bezeichnet auf Zypern eine Eierspeise.

Die arabischen Länder, vor allem der Libanon und Ägypten, haben wegen ihrer räumlichen Nähe der zyprischen Küche immer wieder Impulse gegeben. Neuerdings bringen auch zyprische Gastarbeiter aus den arabischen Ölförderländern dort erlernte Gerichte mit. Wegen der Wirren im Libanon sind viele Libanesen nach Zypern geflüchtet und haben sich dort eine neue Existenz geschaffen. So ist zum Beispiel das Konditorhandwerk heute weitgehend in libanesischen Händen und der arabische Einfluß beim Backwerk übermächtig. Aber auch die zyprischen Kolonien in Ägypten, insbesondere die große zyprische Volksgruppe in Alexandria, haben durch die jungen Mädchen, die nach Zypern zurückkehren, um zu heiraten, viel Neues in die Küchen eingeführt, beispielsweise fritierte Hackfleischbällchen *(Kúpes)* oder koptisches Huhn.

Die Engländer, die Zypern von 1878 bis 1960 beherrschten, haben zwar mit ihrer eigenen Küche auf der Insel nicht Fuß fassen können, ihre Anwesenheit bewirkte allerdings eine Internationalisierung der Zutaten. Viele Engländer waren vorher lange in Indien oder anderen britischen Kolonien gewesen und hatten dort die

Überlegenheit fremder Küchen kennengelernt. Über ihre Handelswege kamen Zutaten aus aller Herren Länder auf die Insel: Sojasauce, Currypulver, Roquefort, Sherry, Ingwer und nördliches Beerenobst fanden Eingang in zyprische Bauernküchen.

Mit dem wirtschaftlichen Boom nach der Unabhängigkeit (ab 1960) geriet die zyprische Küche in eine Krise. Die jungen Hausfrauen übergaben ihren Müttern die Kinder zur Erziehung und gingen selbst einem Beruf nach. Mit dem Verlust der Zeit für die Küchenarbeit hielt die »schnelle Küche« Einzug. In den Familien beschränkte man sich auf einfache Fünf-Minuten-Gerichte, in den preiswerten Strandlokalen bot man nur noch gebratenes Fleisch, Pommes frites und Salat an. Die herzhaften Gemüsegerichte wurden durch einen Rettich mit drei Oliven ersetzt, die köstlichen Nachtische durch Wassermelonen und Trauben. Gefüllte Zucchini, Tomaten und Paprikaschoten gab es nur noch bei der Großmutter; wer Ravioli selbst machte, geriet in den Verdacht, sonst nichts zu können, und die wild wachsenden Gemüsesorten verschwanden vom Markt. In den guten Lokalen stand nur noch Exotisches auf der Speisekarte, und die Gäste schwärmten von Palmherzen, Lachs und *Crêpes suzette*; zu Hause aber aßen sie Fertigkost vom Imbißstand um die Ecke. Die alte zyprische Küche war nur noch in den Dörfern zu finden; sie war zu mühsam für die neue Zeit.

Inzwischen jedoch merken viele Städter, daß mit Großmutters Küche auch ein Stück Lebensfreude unterzugehen droht. Man beginnt die noch lebenden Zeugen dieser Küche zu befragen und sammelt in romantischer Sehnsucht die alten Rezepte. Zwar will niemand wieder mit zwei über Kreuz gehaltenen Messern sein Hackfleisch selbst zubereiten, aber eine Rückbesinnung hat eingesetzt. Die Städter gehen sonntags in kleine Lokale auf dem Land, wo die alte Tradition nie abgerissen ist. Der Glaube, daß alles Gute aus der Tiefkühltruhe komme, scheint gebrochen. In den Illustrierten erscheinen wieder traditionelle Rezepte in modernisierter Form. Dieser neuen Küche, die alte Rezepte aufgreift, sie den Erkenntnissen der modernen Ernährungswissenschaft anpaßt und auch dann nicht auf Gutes verzichtet, wenn es etwas mehr Arbeit verursacht, die moderne Techniken und Geräte ebenso wie die Vielfalt der Zutaten nutzt, dieser Küche, die nicht nur satt, sondern auch Freude machen will, ist die vorliegende Rezeptsammlung gewidmet.

Mahlzeiten und Eßgewohnheiten

Das zyprische Frühstück verdient nur am Wochenende diesen Namen. Wie andere Mittelmeeranrainer schlürft der berufstätige Zyprer sonst morgens hastig einen Kaffee, während er einen Blick in die Zeitung wirft. Das Ganze hat so wenig mit einer Mahlzeit zu tun, daß er sich oft nicht einmal dafür hinsetzt. Der Kaffee ist entweder ein türkischer, der mit viel oder wenig Zucker, ganz nach Geschmack, für jeden einzelnen zum Sieden gebracht wird, oder ein in warmer Milch gelöster Pulverkaffee, der wenigstens durch den Milchgehalt als Nahrungsaufnahme gelten kann. Nur wer körperlich arbeitet, mümmelt dazu ein ungesüßtes *Kulúri* oder ein schwach gezuckertes *Kuluráki*. Mit diesen Sesamkringeln muß man groß geworden sein, um sie zu schätzen. Die Kinder bekommen ein Glas Milch und nehmen ein Käsebrot mit in die Schule, wenn sie nicht zu den wohlhabenderen Schichten gehören, die in der Schule ein Stück *Siámali* (Grießkuchen), eine *Tirópitta* (Käsetasche) oder eine *Tachinópitta* (Sesamschnecke) kaufen können.

Am Sonntag wird ausgeschlafen, bis die beginnende Wärme des Tages, das überlaute Zirpen der Grillen oder das Lachen der Nachbarn, die bereits beim Frühstück sitzen, die Familie weckt. Der letzte Schläfer wird schließlich durch den über Außenlautsprecher übertragenen liturgischen Gesang des beginnenden Gottesdienstes jäh aus dem Schlaf gerissen. Während der Duft von türkischem Kaffee durch das Haus zieht und der Hausherr mit ungeschicktem Geklapper den Tisch auf der noch kühlen Terrasse deckt, kommen die Kinder im Schlafanzug in die Küche und prüfen, ob ihre Welt noch in Ordnung ist. Wenig später sitzt man beisammen und nimmt ein beinahe englisches Frühstück ein, zu dem gebratene Eier mit *Lúndsa*, *Challúmi* oder *Lukánika*, Toast, Marmelade und zum Abschluß auch etwas Obst gehören. Eventuell gibt es auch kleine, in Öl gebratene und mit Koriander gewürzte Fleischstückchen *(Titsúthkia),* die mit viel Zitrone gegessen werden, oder altbackenes Weißbrot, das in Scheiben in Öl geröstet, mit Salz oder Zucker bestreut oder mit Honig bestrichen wird *(Katsúres).*

Für Geschäftsleute, Büroangestellte und auch Hausfrauen ist der Elf-Uhr-Imbiß eine feste Institution. Dazu gehört ein weiterer Kaffee und unweigerlich ein Stück Gebäck. Meist ist es salzig und hat eine Füllung aus Käse. Wer die häufig etwas fetten und zu säuerlich schmeckenden griechischen *Tirópittes* oder die türkischen *Börekler* kennt, ist auf das Angenehmste überrascht, wenn er Bekanntschaft mit dem zyprischen Käsegebäck macht. Es ist saftig, ohne fett zu sein, und hat den milden Käsegeschmack französischer Vollfettkäse. Sein Geheimnis ist der *Challúmi.* Die Zyprer verstehen es, diesen Käse vorsichtig zu würzen, seinen Geschmack in verschiedenster Richtung zu ergänzen und damit seinen ganzen Nuancenreichtum zur Geltung zu bringen, ohne daß man je den Vorwurf erheben könnte, er werde nur zum Geschmacksträger degradiert. Schade, daß dieses Gebäck fast nur zu Kaffee angeboten wird. Dabei paßte es so gut zu Wein und Bier.

Zwischen eins und zwei wird zu Mittag gegessen. Auf dem gedeckten Tisch steht ein grosser Krug mit gekühltem Wasser. Heute ist er meist aus Glas und enthält einige Eiswürfel. Bis noch vor wenigen Jahren war es ein unglasierter, bauchiger Tonkrug *(kúsa)*, der außen mit einer

Kalkpatina bedeckt war, die ihm ein beinahe antikes Äußeres verlieh. Unter die Tülle, über den Bauch dieser Krüge waren zwei stilisierte Brüste modelliert, ein deutlicher Bezug zur frühmediterranen großen Fruchtbarkeitsgöttin, die in der Antike als Aphrodite bei Páfos verehrt wurde und noch heute als regenspendende Gottesmutter in der dem Apostel Lukas zugeschriebenen Ikone von Kíkko angebetet wird. Auf dem Land und in den Töpfereien finden sich solche Krüge noch immer. Außer Wasser gibt es oft noch Wein oder Bier, aber die Zyprer trinken selten mehr als ein Glas.

Neben dem Wasserkrug steht ein Schälchen mit rohem Gemüse, meist *Repáni*, einer milden, rettichartigen Radieschensorte, Kohlrabi, Möhren, Frühlingszwiebeln, Frühlingsknoblauch oder Gurken, die auf Zypern deutlich weniger Wasser enthalten und kleiner sind als in Nordeuropa. Unabhängig davon gehört zu jedem Essen eine Schüssel Salat, in dem sich neben dem knackigen Romana-Salat *(Marúli)* immer würzige Kräuter befinden: Portulak *(Glistirída),* Senfrauke *(Rókka)*, frische Korianderblätter *(Kóliandros)*, frische Kardamomblätter (*Kárdamo),* Zwiebel- oder Selleriegrün oder zumindest glatte Petersilie. Außerdem stehen Joghurt, Brot, Zitronenviertel und vielerorts in Scheiben geschnittener *Challúmi* auf dem Tisch.

Die Speisefolge ist zwanglos. Starre Regeln sind dem Zyprer ohnehin suspekt, weil sie ihn in seinem Bedürfnis nach menschlicher Zuwendung behindern. Nach seiner Ansicht sind Verhaltensregeln für Leute ohne Herz erfunden, damit diese bedauernswerten Geschöpfe wenigstens etwas haben, an das sie sich halten können. Beim Essen wird daher nur im Groben eine Reihenfolge eingehalten. Typische Vorspeisen wie Suppen oder Ravioli werden vorweg serviert. Da aber die Speisen ohnehin nicht heiß, sondern eher lau gegessen werden, stellt man im übrigen gleich alles auf den Tisch, was es gibt, und jeder bedient sich. So können Eierspeisen, Fisch und

Fleisch nebeneinander stehen. Vor dem Dessert wird der Tisch, auf dem bis dahin garantiert chaotische Zustände herrschen, allerdings abgeräumt.

Noch eins fällt auf: Die Zyprer haben einen Sinn für das Klare und Echte. In ihrer geradlinigen Herzlichkeit empfinden sie Dekorationen auf den Speisen leicht als betrügerische Verkleidung. Kunstvolle optische Sensationen auf dem Teller wecken ihren Argwohn, und wenn der Geschmack hinter dem Aussehen zurückbleibt, hat der Koch sich als Scharlatan entpuppt. Zyprische Speisen werden daher in der Regel betont schlicht angerichtet, der erste Bissen soll überzeugen. Lediglich die feineren Salate, die mit Vorliebe in den städtischen Bürgerhäusern auf den Tisch kommen, bilden eine Ausnahme. Sie werden meist mit einer glatten Mayonnaise- oder Joghurtschicht bedeckt, deren einladende helle Fläche den Koch als gemütsarm entlarven würde, ließe er sie ungenutzt. Auch hier vermeidet man Effekthascherei und begnügt sich mit dem grünen Filigran eines Krautes oder dekoriert Ton in Ton, zum Beispiel eine rosa Sauce mit roten Granatapfelkernen.

Zum Nachtisch reicht man auf Zypern meist Früchte: Kirschen, Erdbeeren, Aprikosen, Nektarinen, Pfirsiche, Honig- und Wassermelonen, Feigen, Granatäpfel, Weintrauben, Orangen, Mandarinen, Bananen und Kaktusfeigen sind die häufigsten. Besonders die zyprischen Erdbeeren und Bananen fallen dadurch auf, daß sie deutlich kleiner sind als die in Deutschland angebotene Ware, dafür aber ein viel ausgeprägteres Aroma haben. Außerdem gibt es Eis in vielen bekannten Sorten, das sich in den letzten zwanzig Jahren dem italienischen Qualitätsniveau angepaßt hat. An Feiertagen oder wenn die Hausfrau besonders viel Zeit hatte, wird eine der köstlichen Charlotten oder Cremes serviert, die zwar kalorienreich, aber unwiderstehlich sind. Ihr kühles Aroma wirkt in der flirrenden Mittagshitze wie ein Traum aus Tausendundeiner Nacht.

Abgeschlossen wird das Mittagessen mit einem gezuckerten türkischen Kaffee. Er ist schwarz wie die Nacht und wird zusammen mit einem Glas kaltem Wasser serviert. Böswillige Zungen behaupten, man brauche das Wasser, um den Kaffeesatz, der am Boden jeder Tasse beinahe fingerdick steht, aus dem Mund zu spülen. Auf jede Tasse kommen ein Teelöffel gemahlener Kaffee und eine genau definierte Zuckermenge: sehr süß *(warίglikis)*: drei und mehr Teelöffel Zucker; süß *(glikίs)*: zwei Teelöffel Zucker; honigsüß *(melénios)*: eineinhalb bis zwei Teelöffel Zucker; recht süß *(mállon glikίs)*: ein Teelöffel Zucker; mittelsüß *(métrios)*: ein halber Teelöffel Zucker; ungesüßt *(skéttos)*: kein Zucker. Das Kaffeepulver wird zusammen mit dem Zucker in einem kleinen Kännchen (griechisch: *imbríki*, türkisch: *cezve*) möglichst auf offenem Feuer erhitzt, bis der Kaffee zu sieden beginnt und sich Schaum bildet, ohne daß er kochen sollte. Beim ersten vorsichtigen Schluck wünschen sich die Zyprer gegenseitig *»s'ijía«* – »Gesundheit«.

Zum Kaffee ißt man zuweilen süßes Gebäck, etwa *Ergoláwi* (Mandelbaiser), *Baglawás* (mit Sirup übergossenes Blätterteiggebäck mit Nußfüllung) oder *Dáktila ton kirión* (Damenfinger). Das Zuckerbäckerhandwerk scheint die Zyprer indessen nicht sonderlich gereizt zu haben, denn oft wird zum Kaffeeimbiß Salziges bevorzugt. Süßes Kleingebäck kommt meist nur nach einer Hauptmahlzeit auf den Tisch. Was angeboten wird, ist bei genauerer Betrachtung oft nicht zyprisch, sondern hat seinen Ursprung in den islamischen Ländern. *Baglawás*, *Kadeífi* (mit Sirup übergossenes Gebäck aus feinen Fadennudeln mit Nußfüllung), *Kurabiédes* und *Pómbes* (mit Sirup übergossenes Fettgebäck) werden im ganzen Vorderen Orient und in Nordafrika hergestellt. Selbst die spanischen *Churros* sind letztlich eine Variante der *Pómbes*, beide stammen aus Arabien. Zur Zeit der Engländer auf Zypern wurde bestimmtes Backwerk (zum Beispiel *Pómbes*, *Siámali* und Pistazien-*Kadeífi*) überwiegend von türkischen Zyprern hergestellt, die den griechischen Bevölkerungsteil mitbelieferten. Seit der Trennung der Volksgruppen füllen im griechischen Teil der Insel Libanesen die entstandene Lücke. Tatsächlich ist ihr *Baglawás* und ihr *Kadeífi* besser als alles, was griechisch-zyprische Bäcker herstellen. Es wurde daher darauf verzichtet, Rezepte für die auf Zypern beliebten orientalischen Gebäcke wiederzugeben, weil die Landesküche auf diesem Gebiet kaum originelle Leistungen erbracht hat.

Es wäre jedoch falsch, die griechischen Konditoren Zyperns völlig abzuschreiben, weil sie weitgehend im Schatten ihrer islamischen Meister geblieben sind. Einen wesentlichen Mangel orientalischer Süßigkeiten haben sie erkannt: Sie schmecken meist nur süß und sonst nach nichts. Hier zeigt sich, daß die Zyprer auch westeuropäische Geschmacksvorstellungen haben. Ihr Gaumen will neben dem Süßen noch einen anderen Geschmack kosten, welcher der Süße erst Form verleiht. Zum Zuckrigen muß etwas Fruchtiges, Aromatisches hinzukommen, um es ansprechend zu machen. Zyprisches Gebäck ist daher in aller Regel nicht nur einfach süß, sondern hat eine nussige, fruchtige oder aromatische Komponente. Zudem haben die Zyprer übernommene Rezepte geschickt den heimischen Zutaten angepaßt. Das griechische *Galatobúreko* beispielsweise ist auf Zypern zum *Anarobúreko* geworden, in dem die knusprigen Teigblätter aus *Fíllo* (eine Art dünner Blätterteig) statt mit Pudding mit *Anarí*, dem zarten zyprischen Molkekäse, gefüllt sind.

Kurze, unangekündigte Besuche bei Freunden und Verwandten sind eine der schönen zyprischen Unsitten. Schön, weil die fehlende Ankündigung den Gastgeber vom Zwang mühseliger Vorbereitungen enthebt und bei der von Anstand und Sitte gebotenen Kürze Langeweile und zäh fließende Gespräche nicht aufkommen. Eine Unsitte bleibt es gleichwohl, denn wer ist schon immer besuchsbereit?

Die Besuche finden meist an den Nachmittagen der Wochenenden statt, sie dauern höchstens 45 Minuten. Nach einer kurzen Begrüßungskonversation werden ein Getränk – meist türkischer Kaffee – und eine kleine Nascherei angeboten. Früher waren ein kleines Glasschälchen mit *Glikó* und ein Glas kühles Wasser üblich. Beides wurde auf einem silbernen Tablett mit geometrisch besticktem Deckchen *(lefkarítikon)* serviert. *Gliká* sind etwas aus der Mode gekommen. Ihre Herstellung ist aufwendig, und immer wieder gibt es Pannen mit der Haltbarkeit. Mindestens eine Sorte von *Glikó* ist jedoch auch heute noch in jedem Haushalt zu finden. Sie werden meist in den Nonnenklöstern gekauft und enthalten keine Konservierungsmittel. Die wohl reichste Auswahl ist im Kloster Ájios Iraklídios zu finden, wo die Leute aus Nikosia einkaufen.

Gliká bestehen aus in Zuckersirup eingelegten Früchten. Am häufigsten sind Kirschen, unreife Walnüsse, gerollte Orangen- und Grapefruitschalen, winzige, mit einer Mandel gespickte Auberginen, Rhomben aus Wassermelonenschalen, Feigen, Datteln, unreife Bitterorangen und Quitten. Am besten eignen sich besonders feste, aromatische Früchte, die beim erforderlichen Kochvorgang nicht zerfallen. Soweit die unreifen Früchte zuviel Säure enthalten, wird diese bei der Zubereitung mit kohlensaurem Kalk gebunden.

Ein kaltes Abendbrot ist den Zyprern fremd. Entweder wird der Rest vom Mittag aufgestockt und gewärmt, eine frische Mahlzeit gekocht – allerdings bescheidener als zu Mittag – oder von einem der vielen Imbißstände etwas geholt. Da gibt es die bereits erwähnte *Pítta*, die mit Gegrilltem und Eingelegtem gefüllt wird, zahlreiche Hackfleischgerichte wie *Lachmadsiú*, *Kúpes*, verschiedene *Kreatópittes*, *Döner Kebap* oder Pizza.

Am Wochenende oder wenn man ausgeht, ißt man mit Vorliebe *Mesédes*. Sie sind das Inhaltsverzeichnis der zyprischen Küche und bilden eine Mahlzeit, die aus vielen besteht. Immer neue Schälchen, Töpfe und Tellerchen mit einer Unzahl von Köstlichkeiten stapeln sich auf dem Tisch – ein Elysium für Nascher und Neugierige. Die Mengen sind jeweils gering, gerade genug zum Probieren. Man beginnt mit kalten Vorspeisen, wie wir sie von französischen Hors d'œuvres kennen, und fährt mit warmen Minigerichten fort – insgesamt dreißig bis fünfzig. Das dadurch hervorgerufene Gefühl der Opulenz, verbunden mit dem genossenen Alkohol, löst die Zungen, schafft Heiterkeit und festigt Freundschaften. *Mesédes* sind kein Bestandteil der Alltagsküche. Um *Mesédes* zu essen, reserviert man einen günstigen Nischenplatz in einem guten Lokal, für diese Gelegenheit bleibt man nämlich am liebsten unter sich. Die Mahlzeit hat einen festlichen, aufwendigen Charakter, sie wird nicht einfach gegessen, sondern zelebriert. In ein Privathaus zu *Mesédes* eingeladen zu werden, ist eine Ehre, denn die Hausfrau nimmt damit beträchtliche Mühe auf sich. Weil das Essen sich über Stunden hinzieht, bilden die Gespräche einen wichtigen Bestandteil. *Mesédes* ißt man nur mit guten Freunden und lieben Verwandten.

In der Familie werden die kalten und die einfach zubereiteten *Mesédes* zwar in großer Vielfalt aufgetragen, bei den warmen beschränkt man sich jedoch auf wenige. Diese kann auch tatsächlich nur ein Restaurant bereithalten; denn zu ihnen gehören eigentlich alle warmen Speisen, soweit es sich nicht um große Einzelteile wie zum Beispiel Truthahn oder Spanferkel handelt. Wer in einem guten Lokal auf Zypern *Mesédes* gegessen hat, weiß, was die Küche des Landes bietet. Zum Schluß noch ein Tip für den *Mesédes*-Abend: Man sorge für genügend Getränke. Ein Abend mit *Mesédes* wird leicht zum Bacchanal. Selbst zurückhaltende und sonst auf ihre Linie bedachte Zeitgenossen werden von der Fülle mitgerissen, legen ihre guten Vorsätze ab und langen zu, als hätten sie von Cholesterin, Joules und Promille noch nie gehört. Am besten eignen sich leichte, trockene Weißweine und – sobald man zu den warmen *Mesédes* übergeht – leichte, tanninarme Rotweine mit Kellertemperatur. Auf Zypern wird auch viel Bier getrunken. Aus der Antike stammt der noch heute geübte Brauch, zunächst ein Glas herumzureichen, an dem jeder kurz nippt und dessen Inhalt dann zum Opfer an die Götter auf den Boden geschüttet wird.

Die Sommerabende gehören zum Schönsten, was Zypern zu bieten hat. Nach der dunstigen Hitze des Tages und der kurzen Dämmerung mit ihrer von rosa über türkis bis nachtblau reichenden Verfärbung des Horizonts wölbt sich ein grandioser Sternenhimmel, wie Nordeuropäer ihn nur vom Hochgebirge kennen, über der Insel. Man sitzt draußen, je nach Temperament mit mehr oder weniger Licht, redet, sieht fern, ißt oder trinkt oder genießt einfach, daß die Hitze des Tages gewichen ist.

Das ist die Zeit der kleinen Knabbereien und Getränke. Neben Schälchen mit gesalzenen Mandeln, Pistazien und Erdnüssen sowie gerösteten Pinienkernen und Haselnüssen stehen geröstete Kichererbsen – gesalzen *(Stragália)* oder auch ungesalzen *(Kudamés)* – und geröstete, gesalzene Kürbiskerne *(Pasatémbo)* auf den kleinen Beistelltischen. Der Herr des Hauses trinkt mit den erwachsenen Männern den beliebten Brandy-Sour, von dem die Einheimischen behaupten, er habe nur dann den typischen Geschmack, wenn er mit zyprischem Brandy und zyprischen Zitronen zubereitet werde. Die Grundmischung besteht aus einem Teil Angosturabitter, zwanzig Teilen Zitronensaft und dreißig Teilen Weinbrand. Von dieser gekühlten Mixtur wird ein Longdrinkglas zu zwei Fünfteln gefüllt und mit zwei Eiswürfeln und Soda ergänzt. Dazu gehören eine Zitronenscheibe und ein Blatt frische Minze. Die Frauen trinken einen Kaffee, und in jeder größeren Runde ist eine dabei, die aus den Schaum- und Kaffeesatzablagerungen am inneren Tassenrand die Zukunft voraussagt.

Zwar glaubt keiner an ihr zweites Gesicht, aber wer läßt sich nicht gerne sagen, daß er eine weite Reise machen, zu viel Geld kommen oder die große Liebe finden werde? Die Heranwachsenden kichern etwas nervös zu derlei Vorhersagen und nehmen einen Schluck Bier, um zu verbergen, daß sie sich in ihren Wünschen durchschaut fühlen. Die Kinder, die erstaunlich spät ins Bett gehen, haben irgendwo ihren Saft oder ihre Mandarinenlimonade stehen, während sie unter den dunklen Orangenbäumen einen fremden Hund aus dem Garten jagen, Nachlaufen spielen oder den Gekko beobachten, der an der hellverputzten Hauswand den Insekten nachstellt. Ihre türkischen Altersgenossen mögen auch einen glutroten, mit Wasser verdünnten Rosensirup trinken.

Typische Gerichte

Suppen sind den drei kalten Wochen des Jahres vorbehalten. Ihr Variationsreichtum ist folglich gering. Die wenigen guten und im Rezeptteil aufgeführten Suppen sind von lieben Ehefrauen und Müttern für die kaltfeuchten Januartage geschaffen worden, um der Familie Nahrung und Geborgenheit zu geben. Es sind kräftige, lebensvolle Suppen, die Körper und Seele aufwärmen. In der warmen Jahreszeit ißt der Zyprer Suppe nur, wenn er nach schwerer Krankheit endlich wieder etwas zu sich nehmen darf oder wenn er vor Ostern fastet und Fleisch, tierisches Fett, Milch und Käse meiden muß.

Eine Suppe allerdings, *Trachanás*, ist beinahe so etwas wie ein Nationalgericht, dabei mögen viele Zyprer sie gar nicht. Andere hingegen, die im Ausland leben, lassen sich regelmäßig die Hauptzutat, steinharte Brocken aus an der Sonne getrocknetem *Purkúri* mit fermentierter Milch, aus der Heimat schicken. Natürlich findet man auch die bekannte griechische *Majirítsa*, die aus Schafinnereien hergestellt wird. Sie ähnelt der *Patsiá* aus Lammfüßen und Lammschädel, die türkischen Ursprungs ist. Die dritte auf Zypern verbreitete Suppe, *Tsiorbá*, was eigentlich auf türkisch nichts weiter als genau dies, nämlich »Suppe« *(çorba)* heißt, besteht aus Wasser, Tomaten, *Purkúri* und selbstgemachten kleinen Nudeln *(Fidés)*. Schließlich gibt es eine Fischsuppe *(Psarósupa)*, die sich aber hinter der Bouillabaisse, Zarzuela oder einem Bostoner Clam Chowder verstecken muß. Auch die griechische *Kakawiá* ist besser. Im Rezeptteil wurde auf die Wiedergabe dieser weniger reizvollen Suppenrezepte verzichtet.

Eiergerichte stellen einen der wichtigsten Bestandteile der zyprischen Küche dar. Hinter keinem Haus auf dem Lande fehlt der Hühnerstall, und der Hahnenschrei gehört ebenso wie das Grillengezirpe zur morgendlichen Geräuschkulisse. Das Ei ist zugleich das Fleisch für die Armen und der Luxus für die Reichen. Eine *Mesédes*-Tafel ohne Eierspeisen ist unvollständig, und für die Zyprer war mit das Begreiflichste an den Engländern, daß sie morgens gebratene Eier aßen. Neben den Spiegeleiern mit gebratenem *Challúmi*, *Lukánika* oder *Lúndsa* sind Rühreier am landestypischsten. Wenn man die griechischen Namen liest, fällt auf, daß die Zutat immer an erster Stelle steht und die Eier als Beilage gelten. Dies schlägt sich auch in den Mengenverhältnissen nieder. Es gibt kaum ein Gemüse, das nicht mit Rührei unter sorgfältiger Abstimmung der Würzung serviert wird.

Ausländer, die auf Zypern *»Kanelónia«* auf der Speisekarte finden, vermuten dahinter meist das italienische Nudelgericht und sind zunächst überrascht, wenn gefüllte und anschließend überbackene Eierkuchen auf den Tisch kommen. Um dieser Verwechslung vorzubeugen, werden diese Eierkuchen oft auch *»Krépes«* genannt, was der Sache näherkommt. Die Füllungen für *Kanelónia* sind ein weites Feld, das die zyprischen Köche und Köchinnen mit Phantasie und Genialität bestellen. Wenn man in einem Privathaus *Kanelónia* besonders genossen hat, sollte man nur vorsichtig nach dem Rezept fragen: Die Hausfrau könnte sonst gestehen müssen, daß die Rezeptur deshalb einzigartig ist, weil die Reste der letzten drei Tage verwandt wurden. Die Füllungen der Omeletts sind erkennbar der internationalen Küche entliehen und haben nur in wenigen Fällen zyprische Eigenart. Sie werden von der konservativen Landbevölkerung als städtische Verfeinerung der *Kanelónia* empfunden, die ihren wahren Wert erst noch beweisen muß. Lediglich das unbestreitbar köstliche *Challúmi*-Omelett hat sich überall durchgesetzt.

Die Anzahl der zyprischen Fischgerichte ist überraschend begrenzt. Fischer gibt es zwar, aber Seefahrer sind die Zyprer nicht. Als die Engländer 1878 die Insel von den Türken übernahmen, waren sie erstaunt, in den Küstendörfern keine Fischerboote vorzufinden. Lediglich in den Seehäfen Larnaca und Limassol verkauften einige eingewanderte Italiener, Malteser und Griechen von den Sporaden ihre Fänge. Die Schwammfischerei lag völlig in den Händen von Griechen, die von der Insel Kalymnos herüberkamen.

Der Rückzug vom Meer dürfte historische Gründe haben. Die Küsten waren vom Ende der römischen Herrschaft bis in die Türkenzeit gefährdete Gebiete, in denen man nicht wohnte, weil ständig Überfälle vom Meer her drohten. Selbst in der Antike große Städte wie Salamís oder Páfos wurden, nachdem sie von Erdbeben beschädigt und wiederholt gebrandschatzt worden waren, aufgegeben. Man zog sich ins Inland zurück. So sind die Zyprer seit jeher Bauern und leben von der Landwirtschaft. Fisch fängt man auf Zypern nur in bescheidenem Umfang, und er ist teuer. Mit Vorliebe wird er – wie im gesamten Mittelmeerraum – in Salz und Zitronensaft mariniert und dann gegrillt oder, in einer Mischung aus Salz, Mehl und Pfeffer gewälzt, gebraten. Auf gleiche Weise werden Tintenfischringe oder auch die ganzen Hauben fritiert. Aus Schwertfisch und dem in den letzten Jahren rar gewordenen Thunfisch werden jedoch hervorragende Gerichte bereitet, die man in anderen Mittelmeerländern vergeblich suchen wird. Rund um den kleinen Fischerhafen von Latsí bei Pólis, wo viel Schwertfisch gefangen wird, finden sich eine Reihe von Strandtavernen, in denen man ganz ausgezeichneten, am Spieß gegrillten Schwertfisch, Oktopus und andere Fischgerichte ißt.

Neuerdings kommen in Stauseen gezüchtete Forellen auf den Tisch. Auch Aale, die durch die DDT-Kampagnen zur Ausrottung der Malaria auf Zypern ausgestorben waren, haben sich auf der Insel wieder verbreitet, sind allerdings noch selten.

Zum Hauptgericht gehört – wenn man es sich leisten kann – in jedem Fall Fleisch. Ein Vegetarier ist für den Zyprer ein Mensch ohne Saft und Kraft, dem er auch andere frustrierende Gebrechen zutraut. Fleisch gehört zum Essen wie Kinder zur Ehe.

Fleisch kaufen und zubereiten ist dabei merkwürdigerweise in vielen Familien männliche Domäne. Wenn der Mann schon nicht einkauft, mischt er doch bei der Zubereitung mit, vermutlich, weil viel Gegrilltes gegessen wird und das Hantieren mit der Glut sonst unterdrückte pyromanische Gelüste weckt, die anscheinend vornehmlich dem männlichen Geschlecht eigen sind. So sieht man sonntags gestandene Familienväter mit vorgebundener Schürze liebevoll den Grill heizen, indem sie eine größere Blechdose ohne Boden und Deckel mehrfach umsetzen, um mit diesem provisorischen Kamin eine schnellere Verteilung der Glut zu erreichen. Wenn der Mann schließlich die Spießchen in ein schlankes, mit Öl und Zitronensaft *(Ladolémono)* gefülltes Gefäß tunkt und sie noch einmal kurz auf den Rost legt, hat er das Gefühl, seine Familie anständig zu ernähren. Läßt er sich mit versengten Fingern und Schweißperlen auf der Stirn endlich am Eßtisch nieder und nimmt den ersten Schluck Wein, spürt er die befreiende Erfüllung nach getaner Pflicht.

Auch der Betrieb des Backofens *(fúrnos),* der zu fast jedem Haus auf dem Lande gehört, ist oft Männersache, die Vorbereitung der Ofengerichte fällt jedoch nur dann ins männliche Ressort, wenn der Gemüseanteil gering ist. Der Ofen freilich hat mit dem nordeuropäischen Gas- oder Elektro-Ofen nicht mehr gemein als ein Wolf mit einem Schoßhündchen. Der zyprische *fúrnos* ist die Urform: eine aus Hausteinen gewölbte Halbkugel, sorgfältig mit Lehm abgedichtet und mit einer Blechtür versehen, die sich bei Bedarf mit Lehm dicht verschließen läßt. Wenn das Reisig niedergebrannt und der Ofen richtig heiß ist, wird die Glut an den Rand geschoben und das Gericht hineingesetzt.

Die zyprische Hausfrau besitzt deshalb auch mehrere feuerfeste Formen, einige mit, einige ohne Deckel. Am bekanntesten ist der *tawás*, ein bauchiger Tontopf mit Deckel, der einer ganzen Gattung von Gerichten seinen Namen gegeben hat. In modernen Haushalten ist er durch Glasformen ersetzt. Zu den offenen Formen gehört das *tapsí* oder *siní*, eine runde oder rechteckige Blechform mit einem sechs Zentimeter hohen Rand, in der gut überbacken werden kann. In diesen offenen Formen wird das Gericht nicht nur gar, sondern nimmt auch die leicht rauchige Würzung der verbrannten, harzigen Hölzer an.

Wegen ihres Aufwandes sind derartige Grill- und Ofengerichte allerdings den Restaurants und in den Familien der sonntäglichen Küche vorbehalten. In der Woche kocht die zyprische Hausfrau meist *Jiachní*-Gerichte. Dahinter verbirgt sich eine Garmethode, bei der man angebratene Fleischstücke oder Gemüse oder beides zusammen in einer herzhaften Tomatensauce köcheln läßt. Die Zahl der Variationen scheint unendlich, und jeder Koch hat seine Lieblingskombinationen. Wer einmal das Prinzip erfaßt hat, wird bald »seine« *Jiachní*-Gerichte entwickeln.

Rindfleisch wurde früher wenig verzehrt, wahrscheinlich weil die Zucht wegen Mangels an frischem Gras zu teuer war. Bei den noch im vorigen Jahrhundert geborenen alten Leuten – besonders bei Frauen – fand man auffallend oft eine Abneigung gegen Rindfleisch. Wenn man nachfragte, erhielt man zunächst ausweichende

Antworten und dann die zögernde Erklärung, der Genuß von Rindfleisch sei frevelhaft. Vielleicht schwangen hier noch archaische Glaubensinhalte mit, deren Sinnzusammenhang verlorengegangen ist. Bemerkenswert ist jedenfalls, daß bei den Ausgrabungen des Heiligtums von Ajía Iríni, das von 1200 bis 500 vor Christus als Kultstätte von Bedeutung war, zahlreiche Votivstiere und Figuren von Priestern mit Stiermasken zutage gefördert wurden. Im Tempel von Éngomi fand man zahlreiche Stierschädel, und auch die Funde von Wunús und Méniko bei Nikosia belegen einen Stierkult, in dem sich Fruchtbarkeitsriten mit kriegerischen Tugenden verbanden. Vor der englischen Herrschaft wurden Rinder auf Zypern nur als Zugtiere benutzt. Die zyprische Rasse war klein, die Milch diente ausschließlich zur Kälberaufzucht. Das Fleisch von notgeschlachteten Tieren erhielten die Hunde. Erst unter den Engländern wurde die Rindviehzucht intensiviert und Rindfleisch auf den Speisezettel gesetzt. Diese relativ kurze Küchentradition ist wohl die Ursache dafür, daß es nicht sehr viele Rindfleischrezepte gibt.

Die griechischen Zyprer essen hauptsächlich Schweinefleisch, während die türkischen Lamm bevorzugen. Stallkaninchen werden überall auf dem Land gehalten. Enten und Gänse sind selten, wohl weil eine artgerechte Haltung in diesem trockenen Land kaum möglich ist. Dagegen findet man reichlich Hühner, Truthähne, Tauben und gelegentlich Rebhühner. Wild ist jedoch selten geworden, zumal selbst drastische Strafen die Einhaltung von Schonzeiten nicht sicherstellen konnten. Die früher vielgejagten Mufflons wurden von den Engländern unter Naturschutz gestellt. Ihre Zubereitung mit Aprikosen und Walnüssen oder, seltener, mit Feigen ist daher kaum noch bekannt. Besonders beliebt sind Hackfleischgerichte, die meist aus sehr gutem Fleisch hergestellt werden. Der Käufer wählt das Stück selbst aus und läßt es sich vom Metzger durch den Wolf drehen. Die Zyprer haben erkannt, daß Hackfleisch auch »von innen« gewürzt werden kann, und auf Gewürze möchten sie gerade beim Fleisch nicht verzichten.

Unter den kohlehydrathaltigen Beilagen ist an erster Stelle Brot zu erwähnen, entweder Fladenbrote *(Pítta)* oder Brotlaibe. Beide müssen frisch sein. Die *Pítta* wird mit einigen Salatstreifen, eingelegtem Blumenkohl *(Múngra),* Würstchen *(Sieftaliá)* oder Fleischspießchen *(Suwlákia)* gefüllt und so zu einem überwältigenden Imbiß. Das in verschiedenen Formen gebackene Hefeweißbrot ist meist nur ganz schwach gesalzen, oft mit etwas Sesam, Schwarzkümmel oder Anissamen bestreut und enthält als *Eliópitta* einige schwarze Oliven oder als *Challumópitta* Käsestückchen. Auf dem Lande hat es manchmal einen leicht rauchigen Geschmack, weil es im mit Holz beheizten *fúrnos* gebacken wird.

Neben Brot werden Reis, Nudeln, *Purkúri*, Kartoffeln oder Hülsenfrüchte als sättigende Beilage zu Fleisch und Gemüse angeboten. Nicht selten wird ein Rundkornreis verwandt, der – sorgfältig gespült – für *Piláfi* nicht ungeeignet ist. Langkornreis ist indessen vorzuziehen. Die Herstellung von Nudeln scheint das Privileg – oder selbstverständliche Pflicht – der Großmütter zu sein. Wenn irgendwo in den Dörfern jemand den breiten flachen Korb *(tséstos)* mit frischen Nudeln zum Trocknen in die Sonne stellt, ist es unweigerlich eine der alten Frauen in schwarzen Kleidern. Selbst die kurzen Makkaroni für *Pastítsio* stellen die alten Frauen noch mit der Hand her. Sie nehmen dazu eine Binse und ein kleines Teigklümpchen, das unter der flachen Hand zusammen mit der Binse über die Arbeitsfläche gerollt wird. Wenn der Teig die Binse umhüllt, wird sie seitlich herausgezogen. Es ist erstaunlich, mit welcher Geschwindigkeit auf diese Weise ein ganzer Korb voll Makkaroni gefüllt wird. Für die mit *Challúmi* oder Hackfleisch gefüllten Ravioli ist die eigene Nudelteigherstellung unerläßlich. Sie ist übrigens nur das erste Mal zeitraubend; man entwickelt schnell die erforderliche Handfertigkeit, und außerdem beflügelt einen beim zweiten Mal die Erinnerung an den köstlichen Geschmack. Selbstgemachte Nudeln werden fast immer in Hühnerbrühe gekocht und in Restaurants oft mit dem wirklich ausgezeichneten zyprischen Ketchup serviert.

Purkúri ist die traditionelle Beilage zu *Afélia* (Schweinefleisch mit Wein und Koriander), wird aber auch zu anderen Fleischgerichten gegeben. Je nach Zubereitungsart handelt es sich um eine leichte oder kräftige Beilage, die sich übrigens sehr gut im Mikrowellenherd aufwärmen läßt.

Frische und zudem preiswerte Kartoffeln sind auf Zypern das ganze Jahr über auf dem Markt. Sie sind weniger wasserhaltig als ihre nordeuropäischen Verwandten und etwas voller im Geschmack. Die Zyprer sehen in ihnen ein höchst variables Gemüse, das sich einfach zubereiten läßt, für die Fastenzeit geeignet ist und auch den Geldbeutel schont. Letzteres ist wohl der Grund, weshalb *Patátes tu fúrnu* und Pommes frites inzwischen in den einfachen Strandlokalen das sonst übliche Brot verdrängt haben.

Die Kartoffel wurde erst Mitte des vorigen Jahrhunderts auf Zypern von Balthasar Mattei, einem italienischen Großgrundbesitzer, eingeführt. Sie verdrängte die bis dahin an ihrer Stelle stehende Kolokasie, die – vermutlich im Mittelalter – aus Ägypten nach Zypern gelangte und deren Anbau eine intensivere Bewässerung erfordert. Ganz gewöhnlichen Pommes frites werden auf Zypern beim Fritieren mit Vorliebe einige Zwiebelschnitze oder sogar schwarze Oliven beigefügt. Selbstverständlich kennt man auch Kartoffelpüree, Kroketten, die immer gehackte Zwiebeln enthalten, und eine Art Kartoffelpuffer, der mit Kreuzkümmel gewürzt wird. Zyprische Salzkartoffeln sind allerdings meist glasig und müssen den Vergleich mit deutschen scheuen. In den Rezeptteil wurden nur die Zubereitungsarten aufgenommen, die in Nordeuropa weniger bekannt sind.

Hülsenfruchtgerichte werden auf Zypern oft zu Fisch und Gegrilltem gereicht, sie ersetzen so Kartoffeln, Reis oder Nudeln. Die zyprische Küche bietet – wenn auch nicht im gleichen Maße wie zum Beispiel die indische – eine große Auswahl guter Gerichte aus Hülsenfrüchten. Während in Deutschland aus getrockneten Erbsen, Bohnen und Linsen fast nur Suppen bereitet werden, stellen die Zyprer daraus vorwiegend Beilagen her, die – mit Joghurt, frischer Tomate, Zwiebel oder *Repáni* – eine vollwertige Mahlzeit bilden können. Die blähende Wirkung der Hülsenfrüchte fällt übrigens viel geringer aus, wenn sie mit etwas Essig gewürzt und ohne Fleisch verzehrt werden. In einem bäuerlich geprägten Land wie Zypern gehören die Hülsenfrüchte zur täglichen Nahrung und stehen oft anstelle von Fleisch auf dem Speiseplan, besonders in der Fastenzeit. Angesichts ihres Gehaltes an Proteinen, Vitaminen, Ballast- und Mineralstoffen eignen sie sich in der Tat hervorragend zu billigen, vegetarischen Mahlzeiten, zumal sie sättigen und nicht das Gefühl aufkommen lassen, nichts »Ordentliches« im Leib zu haben.

Gemüsegerichte waren bis vor einigen Jahren das Herzstück der zyprischen Küche. Leider scheuen immer mehr Hausfrauen das Putzen, kaufen stattdessen Gemüse aus der Tiefkühltruhe oder lassen es – wie die einfacheren Strandlokale – ganz weg. Diese Entwicklung ist um so mehr zu bedauern, als auf Zypern das ganze Jahr über gutes Gemüse in großer Auswahl vorhanden und die Fülle von Rezepten schier unüberschaubar ist. Es wäre ein Leichtes, ein ganzes Buch mit ihnen zu füllen, zumal die meisten Gemüse auch noch in den *Jiachní*-Gerichten in Kombination mit Fleisch oder Kartoffeln auftreten. Für den Nordeuropäer besonders reizvoll sind die Artischockengerichte, die Okras und die Fleischgerichte mit Kolokasie, die er sämtlich zu Hause nicht oder nur in schlechter Qualität bekommt. Eine Eigenart der zyprischen Gemüsegerichte ist, daß sie sehr häufig eine Sauce enthalten, die den Eigengeschmack des Gemüses ergänzt und manchmal auch verdeckt. Für das nur in Wasser oder Brühe gekochte Gemüse der Engländer hatten die Zyprer nur Verachtung übrig. Sie braten ihr Gemüse lieber an und schmoren es dann in einer Sauce gar. Es bekommt dadurch Kraft und Fülle, weil keine Geschmacksstoffe im Kochwasser verloren gehen. Großer Beliebtheit erfreuen sich Gemüsekombinationen wie Artischocken mit grünen Erbsen.

Religiöse Feste und traditionelle Speisen

Obwohl zwei Drittel der Zyprer in den Städten Nikosia, Limassol, Larnaca und Páfos leben, werden die Eßgewohnheiten bis heute vom bäuerlichen Jahresablauf, alten Brauchtümern und den Kirchenfesten diktiert. Im Spätherbst, wenn der erste Regen neue Fruchtbarkeit schafft und die Natur sich regeneriert, beginnt an Ájios Fílippos (14. November) das Fasten vor Weihnachten. Ebenso wie vor Ostern sind Fleisch, Fisch, Eier und Milchprodukte verboten. Da Schnecken nicht unter diese Beschränkung fallen und der erste Regen sie um diese Zeit aus ihren Sommerverstecken lockt, ist dies die Saison der Schneckengerichte.

Am Abend des 24. Dezember baut der Bauer auf einem Ölfaß in der Scheune einen dem Heiligen Basilius von Cäsarea geweihten Kuchen, gequollene Weizenkörner und ein Glas Wein auf, damit der Heilige bei seinem nächtlichen Besuch Scheune und Faß segne. Die Mutter, der ein ungetauftes Kind gestorben ist, stellt eine Schale mit Süßigkeiten für die *kallikándsari* vor die Tür, denn – so erzählt man den Kindern – diese kleinen Kobolde kommen nach Mitternacht von Bächen und Tälern herauf, um ihren Schabernack zu treiben. Sie gelten als die Seelen der ungetauft verstorbenen Kinder und der Erwachsenen, denen keine Totenwache gehalten wurde. Die Verhaftung dieser kleinen Bösewichte ans Diesseits kommt in ihrer bemerkenswerten Gefräßigkeit zum Ausdruck: Vorzugsweise stehlen sie aus den Kaminen zum Räuchern aufgehängte

Lukánika, *Lúndsa* und *Chiroméri*. Die *kallikándsari* verschwinden wieder in der Nacht zu Epiphanias – nicht ohne zum Abschluß noch einmal gut gefüttert worden zu sein. Man wirft für sie gebratene Würstchen und *Lokmádes* auf das Dach.

Weihnachten hat auf Zypern nicht die Bedeutung wie in Nordeuropa. Am 25. Dezember geht man zur Kirche, nimmt die Heilige Kommunion, falls man gefastet hat, und ißt zuhause das traditionelle Weihnachtsessen: *Awgolémono*-Suppe, *Pastítsio* und Truthahn. Das große Familienfest findet in der Silvesternacht statt. Sie hat einen weniger innigen und weihevollen Charakter als Weihnachten, ist heiterer und öffentlicher und entspricht damit mehr der mediterranen Wesensart. Besonders für die Kinder ist der Anschnitt der *Wasilópitta* das wichtigste Ereignis des Abends, ist in ihr doch die Goldmünze versteckt, die Glück für das kommende Jahr verheißt. Der Herr des Hauses schneidet den runden Kuchen zunächst in Kreuzform in vier Teile und trennt dann als erstes ein Stück für die Armen ab, das der erste Bettler erhält, der an die Tür klopft. Das zweite Stück ist für das Haus. Danach werden als erste die Jüngsten bedacht.

Das traditionelle Gebäck zum 5. und 6. Januar (Epiphanias) sind *Lokmádes*, auch *Xerotíana* genannt. Nachdem zuerst die *kallikándsari* ihre Portion erhalten haben, bekommt der Ochse (sofern er nicht durch einen Traktor ersetzt ist) seine Ration als Dank für die im Laufe des Jahres geleistete Arbeit. Am 5. Januar kommt der Priester ins Haus und besprengt die Räume mit Weihwasser.

58 Tage vor Ostern, an einem Donnerstag, beginnt der zehntägige Karneval, der besonders in Limassol gefeiert wird, mit einem opulenten Fleischessen. In dieser *»síkoses«* genannten Zeit wird – im Bewußtsein des bevorstehenden Fastens – vor allem den Speisen zugesprochen, die später verboten sind. Der erste Sonntag im Karneval heißt bezeichnenderweise *Tirofágos*

(Käse-Esser); es gibt Käseravioli *(Rawióles)* und mit Käse gefüllte, gebackene Teigtaschen *(Tirópittes)*. Am zweiten Sonntag, dem *Kreofágos* (Fleisch-Esser) werden sowohl die Ravioli *(Kaloirká)* als auch die *Burékia* mit Fleisch gefüllt.

Am Rosenmontag beginnt die Fastenzeit vor Ostern mit einem Picknick im Grünen. Man geht hinaus, »um der *sarakostí* die Nase abzuschneiden«, dem weiblichen Fastendämon nämlich. Der Frühling steht jetzt in voller Blüte. Die Mittagssonne ist schon recht warm, hat aber noch nicht alles ausgedörrt. Das üppig wuchernde Grün und der reiche Blütenteppich sind – nicht nur für die zyprische Landbevölkerung – der Inbegriff der Wiedergeburt der Natur, neuer Aktivität und Fruchtbarkeit. An diesem Tag werden Körbe mit Oliven, jungem Gemüse, Brot und Wein auf die Felder gebracht, und man ißt und trinkt unter einem Oliven- oder Karobenbaum, der möglichst zwischen den Feldern stehen soll. Die jungen Mädchen schmücken sich mit Granatapfelblüten. Man singt, tanzt, reimt Verse und genießt den meist wundervollen Sonnentag, der schon die Glut des Sommers ahnen läßt.

Die Ostervorbereitungen beginnen Gründonnerstag. Mit Käse gefüllte *Flaúnes* in der stilisierten Form einer aufbrechenden Knospe und *Kulúria* mit hartgekochten Eiern darin werden gebacken. Die Kinder sammeln Ringelblumenblüten und graben nach Wurzeln, mit denen die Eier gefärbt werden. An Karfreitag werden die Blumen für die Dekoration des Grabes in die Kirche gebracht. Mittags ißt man zum Gedenken an Christus, dem Essig gereicht wurde, eine übermäßig saure Linsensuppe *(Fakí xidáti)*. Das Lämmchen für Ostersonntag wird beschafft, die Eier werden hartgekocht und gefärbt. Der grosse Ostergottesdienst findet in der Nacht auf Sonntag statt und endet mit der Erklärung des Priesters: *»Christós anésti«* – »Christus ist auferstanden«. Diese Worte werden zum Gruß in der Osternacht und den Tagen danach wiederholt, und der so Angesprochene erwidert: *»Alithós* *anésti«* – »Er ist wahrhaftig auferstanden«. Am Ostersonntag gehen die Kinder herum, um Ostereier zu gewinnen, indem sie ein Ei mit der spitzen Seite nach oben hinhalten und der andere versucht, es mit seinem Ei zu zerstoßen. Der Sieger bekommt das beschädigte Ei. Das traditionelle Mittagessen ist *Awgolémono*-Suppe und ein im Freien am Spieß gegrilltes Lamm oder Spanferkel. In einigen Dörfern trifft sich noch die ganze Gemeinde nach dem Gottesdienst vor der Kirche, und man ißt gemeinsam an langen Tischen.

Ein solches gemeinsames Essen findet auch bei der Totenehrung statt. Sie ist auf Zypern nicht ohne *Kóllifa* zu denken. Diese Totenspeise besteht aus gequollenen Weizenkörnern, Mandeln, Nüssen, Feigenstücken, Rosinen, Granatapfelkernen und Liebesperlen. Am Jahrestag des Todes oder am Namenstag des Verstorbenen werden die *Kóllifa* zusammen mit Brot, das den Kreuzstempel der Kirche trägt *(Prósforo),* mit Wein und Wachslichtern während des Gottesdienstes an die Ikonostase gestellt, vom Priester gesegnet und beräuchert. Nach dem Gottesdienst zieht die Gemeinde in die Vorhalle der Kirche, wo die *Kóllifa* von den Anwesenden zusammen mit dem Brot und dem Wein verzehrt werden. Ein Schälchen mit der Totenspeise wird mit Lichtern auf das Grab gestellt. Der Ursprung der *Kóllifa* geht auf die antiken *Pankarpia* oder *Panspermia* zurück. In der Nekropole von Salamís, einer vom 8. bis 4. Jahrhundert vor Christus belegten Begräbnisstätte, hat man an den Grabeingängen neben Vasen und Terrakottafigürchen auch die Reste von Getreide, Feigen, Mandeln und Trauben – also *Kóllifa* – gefunden.

Die sunnitischen Türken Zyperns begehen mit ihren Glaubensbrüdern im ganzen Orient das islamische Opferfest *(kurban bayramı)* sowie den Fastenmonat *ramazan*. Er gemahnt daran, daß in diesem Monat der Koran als Richtschnur für das Leben der Menschen dem Propheten offenbart wurde. Im wesentlichen dient das Fest jedoch der Buße, man soll sich in Selbstbeherrschung üben. Im islamischen Mondjahr, das zwölf Tage kürzer ist als unser Sonnenjahr, verschiebt sich der *ramazan* im Laufe der Jahre durch alle Jahreszeiten. Wer Fasten gelobt hat, nimmt vor Sonnenaufgang eine kräftige Mahlzeit zu sich, die auch Fleisch enthält. Danach darf er den ganzen Tag nichts mehr essen oder trinken. Auch soll er nicht rauchen oder an Parfüm riechen. Abends, wenn die Sonne untergegangen und es so dunkel ist, daß man einen schwarzen Faden nicht mehr von einem weißen unterscheiden kann, wird das Fasten mit einer festlichen Mahlzeit *(iftar)* gebrochen.

Schon vor dem *ramazan* werden die Moscheen geputzt, und die Lebensmittelhändler decken sich mit Vorräten ein. Hat die Fastenzeit begonnen, so öffnen viele Geschäfte erst am Nachmittag, wenn die Einkäufe für die Nacht getätigt werden. Besonders wenn der *ramazan* in den Sommer fällt, geraten diese Nächte zu einem Volksfest, zu dem früher auch die christlichen Griechen erschienen. Die Straßen sind hell beleuchtet, die Restaurants brechend voll. Man hat den Eindruck, als würde in der Nacht nicht nur das am Tag nicht Gegessene verspeist, sondern noch einiges dazu. In den letzten drei Nächten des *ramazan* wird mit Gebäck und Süßigkeiten das Zuckerfest *(ramazan bayramı* oder *şeker bayramı)* überschwenglich gefeiert. Die Straßen quellen über vor Menschen, man ißt, man lacht, und der religiöse Anlaß des Festes droht im Vergnügen unterzugehen.

Kalte und warme Mesédes

Krií kä sestí mesédes

Sesamsauce mit Kichererbsen
Chúmi

2 Stunden vorher beginnen

250 g gekochte Kichererbsen
5 EL Olivenöl
100 ml frischer Zitronensaft
4 Knoblauchzehen
*150 g ungezuckerte Tachí**
evtl. etwas Kichererbsenwasser
feingehackte frische Petersilie
Salz

◆ *Die gekochten und abgetropften Kichererbsen mit dem Öl und dem Zitronensaft pürieren. Die Knoblauchzehen zerdrücken und hinzufügen. Sollte die Tachí sich abgesetzt haben, vor der Benutzung aufrühren. Alle Zutaten vermischen und zu einer glatten Paste verrühren. Falls erforderlich, die Konsistenz mit etwas Kichererbsenwasser regulieren und salzen.*
Vor dem Servieren mindestens eine Stunde ziehen lassen. Mit der Petersilie garnieren.

Varianten
> Für Tachinosaláta werden die Kichererbsen weggelassen. 250 g Tachí nehmen, die Petersilie untermischen und mit schwarzen Oliven garnieren.
> Die getrockneten Kichererbsen, die über Nacht eingeweicht und gekocht werden müssen, können durch Kichererbsen aus der Dose ersetzt werden.

Bemerkung
Diese Sauce paßt zu gegrilltem und gebratenem Fleisch.

Knoblauchsauce »Spezial«
Skordaliá idikí

mehrere Stunden vorher zubereiten

50 g Walnüsse
2 kleine Knoblauchzehen
75 g Féta
100 g Sahnejoghurt (10 % Fett)
75 g Mayonnaise
evtl. etwas Zitronensaft
2 EL grobgehackte Walnüsse

◆ *Mit dem Pürierstab die Walnüsse, den Knoblauch, den Féta und den Joghurt zu einer Paste verrühren. Die Mayonnaise untermischen und, falls erforderlich, mit Zitronensaft abschmecken. Die Sauce muß mehrere Stunden stehen und wird dann mit gehackten Walnüssen garniert.*

Variante
Statt der Walnüsse geschälte Mandeln verwenden.

Bemerkung
Die benötigte Menge Zitronensaft richtet sich danach, welche Sorte Féta – französischer, griechischer oder bulgarischer – und welche Art Mayonnaise – selbstgemachte oder kommerziell hergestellte – verwandt werden.

Auberginen-Sauce
Melindsanosaláta

1 dünne Aubergine
Knoblauchsauce »Spezial« (siehe Rezept)

◆ *Die Aubergine unter dem Grill rösten, bis sie platzt. Schälen, die Kerne entfernen und das Fruchtwasser abtupfen. Die Aubergine pürieren und unter die Knoblauchsauce heben.*

Sellerie mit Roquefortcreme
Sélina me rokfór

60 g Roquefort
60 g Butter
6 grobgehackte Walnüsse
*1 TL Commandaría**
*3 Stangen Sellerie**

◆ *Den Roquefort, die Butter, die Walnüsse und den Commandaría zu einer Paste verkneten. Den Sellerie in jeweils vier Abschnitte teilen und die Rillen der Stangen mit der Käsepaste füllen.*

Marinierte grüne Oliven
Eliés tsakistés

mindestens 24 Stunden vorher zubereiten

500 g grüne, in Salzlake eingelegte Oliven
6 EL Olivenöl
4 EL Zitronensaft
*1 EL grobgemahlene Koriandersamen**
4-5 feingehackte Knoblauchzehen
gemahlener schwarzer Pfeffer

◆ *Die Oliven aus der Salzlake nehmen und jede mit zwei bis drei Einschnitten versehen. Die übrigen Zutaten mischen, die angeritzten Oliven beifügen. Die Oliven müssen mindestens 24 Stunden ziehen und von Zeit zu Zeit durchgehoben werden. Dabei nicht im Kühlschrank aufbewahren!*

Auberginen-Mesés
Wasánia mesés

für 6 Personen

500 g dünne, feste Auberginen
5 große Knoblauchzehen
200 g Sahnejoghurt (10 % Fett)
1/2 TL Zucker
*gehackte frische Korianderblätter**
Pflanzenöl
gemahlener schwarzer Pfeffer
Salz

◆ *Die ungeschälten Auberginen in Scheiben schneiden. Etwas Öl erhitzen und die Auberginenscheiben darin goldbraun braten. Herausnehmen, auf saugfähigem Küchenkrepp das Öl abtropfen lassen.*
Die Scheiben auf einer Platte verteilen und mit Pfeffer bestreuen.
Im verbliebenen Öl den zerdrückten Knoblauch anbraten; abkühlen lassen. Den Joghurt mit dem Zucker, 5 EL Knoblauchöl und Salz nach Geschmack mischen und als Häubchen auf die Auberginenscheiben setzen. Mit den Korianderblättern garnieren. Gekühlt servieren.

Eingelegter Féta
Féta me ládi

4 Tage vorher zubereiten

500 g Féta
1 große rote Zwiebel
1 kleine rote Paprikaschote
2 halbierte Lorbeerblätter
*1/2 TL zerstoßene Koriandersamen**
Olivenöl

◆ *Den Féta in Würfel von etwa 2 cm, die Zwiebel in Ringe und die Paprikaschote in Streifen schneiden. Alles mit den Lorbeerblättern und dem Koriander abwechselnd in ein größeres Glas schichten. Mit Öl auffüllen, bis Käse und Gemüse bedeckt sind.*
Vier Tage ziehen lassen. Dabei nicht im Kühlschrank aufbewahren!

Bemerkung
Das Öl kann später als Salatöl verwandt werden.

Challúmi

Straßenszene
mit Súwlagrill

Zyprischer Bauernkäse
Challúmi

5 1/2 l Vollmilch
1/4 l süße Sahne
1 TL Kälberlab
nach Geschmack:
getrocknete Minze
Salz

◆ *Die Milch mit der Sahne auf 35° erwärmen. Das Kälberlab und 1 knappen TL Salz in 1/2 Glas Wasser auflösen. Die Lab-Salz-Mischung der erwärmten Milch zugeben. Anschließend 40 Minuten abkühlen lassen. Die Käseschicht behutsam mit einem Schneebesen teilen. Den Topfinhalt auf 38 bis 40° erwärmen und diese Temperatur etwa 10 bis 15 Minuten halten. Die geronnene Milch in ein sehr feines Sieb geben. Die Molke auffangen und zur Seite stellen.*
Die abgetropfte Käsemasse auf ein Brett legen und sanft, aber kraftvoll ausdrücken. Dabei eine etwa 2 cm dicke, möglichst quadratische Platte formen, Stücke von etwa 7 mal 13 cm Größe schneiden und eine Stunde ruhen lassen.
Danach die Molke zum Sieden bringen, die Käsestücke hineinlegen und 10 bis 15 Minuten köcheln lassen. Zwischendurch den Schaum abschöpfen. Die Käsestücke herausnehmen und, sobald man sie anfassen kann, auf einer Seite mit Salz und, falls gewünscht, Minze bestreuen, einmal falten und etwas flachdrücken. Auch außen Salz darüberstreuen.
Sobald der Käse kalt ist, kann er verzehrt werden. In gesalzener Molke hält er sich bis zu sechs Wochen, wird dann allerdings immer salziger.

Variante

Molkekäse
Anarí

2 l Vollmilch
1/2 Tasse Zitronensaft

◆ *Bevor die Challúmi-Stücke in der Molke gekocht werden, Molkekäse herstellen:*
Die Molke auf 65 bis 70° erhitzen. Die Milch und den Zitronensaft in die Molke gießen und unter ständigem Rühren weiter erhitzen, bis die Milch bei etwa 80° gerinnt. Aufhören zu rühren. Wenn die Molke zu sieden beginnt, reißt die Käseschicht. Vom Herd nehmen und etwa 15 Minuten stehenlassen. Dann die Molke durch ein mit einem Tuch ausgeschlagenes Sieb gießen und den Käse etwa zwei Stunden abtropfen lassen. Der ungesalzene Anarí hält sich im Kühlschrank zwei bis drei Tage.

Essigeier auf Romana-Salat
Awgá xidáta me marúli

2 Tage vorher beginnen

4 hartgekochte Eier
1 Tasse Essig
40 g Kapern in Lake
1 feingehackte Knoblauchzehe
*4 Blätter Romana-Salat**
4 TL Olivenöl
Salz

◆ *Die geschälten Eier ein bis zwei Tage in einer Mischung aus Essig, 1 1/2 Tassen Wasser, 1/2 TL Salz, den Kapern mit Lake und dem Knoblauch einlegen.*
Vier schöne Blätter Romana-Salat auf einer Seite mit dem Öl einpinseln. Die Eier in Scheiben schneiden, auf den Salatblättern auslegen und mit den Kapern garnieren.

Variante
Die Eier längs halbieren, die Dotter herausnehmen und mit einer zerdrückten Sardelle, 1/2 TL Pflanzenöl und 1/2 TL Essig vermischen. Die Eihälften damit füllen und auf den Salatblättern servieren.

Salzmandeln
Amígdala almirá

200 g ungeschälte Mandeln
Salz

◆ *Die Mandeln waschen, tropfnaß auf einem Backblech verteilen und mit 2 TL Salz bestreuen. Anschließend 10 Minuten in den auf 200° vorgeheizten Backofen stellen.*

Variante
200 g geschälte Mandeln mit 1 EL Pflanzenöl vermischen, so daß sie rundherum ölig sind. Anschließend auf einem Backblech verteilen, mit 2 TL Salz bestreuen und im auf 200° vorgeheizten Backofen 8 Minuten rösten.

Korianderartischocken in Wein

Angináres afélia

für 6 Personen

1 Zitrone
12 Artischocken
4 EL Pflanzenöl
3 EL trockener Rotwein
*1 TL grobgemahlene Koriandersamen**
*3 EL Commandaría**
gemahlener schwarzer Pfeffer
Salz

◆ *Die Zitrone auspressen und den Saft mit 3/4 l Wasser mischen. Die Zitronenhälften aufheben. Von den Artischocken den Stiel unmittelbar am Blütenboden abschneiden. Die Blätter abzupfen und mit einem Kugellöffel den dornigen Flaum vom Blütenboden abkratzen. Alle Schnittflächen mit Zitrone abreiben, damit sie sich nicht verfärben. Die vorbereiteten Artischockenböden in dem Zitronenwasser aufbewahren.*
Das Öl in einem kleinen, hohen Topf erhitzen und, sobald es zu rauchen beginnt, die Artischockenböden hineinlegen. Die Böden rundherum anbraten. Mit dem Wein ablöschen. Wenn er verdunstet ist, den Koriander und den Commandaría hinzufügen und bei geschlossenem Deckel einige Minuten köcheln lassen. Öffnen und die restliche Flüssigkeit verdunsten lassen. Das überschüssige Öl abgießen. Vor dem Servieren pfeffern und salzen.

Champignons mit Koriander

Manitária afélia

für 6 Personen

500 g gleichmäßig kleine Champignons
4 EL Erdnußöl
2 EL Rotweinessig
1/2 Glas trockener Rotwein
*1 EL Traubensirup**
*1 EL grobgemahlene Koriandersamen**
Salz

◆ *Die geputzten Champignons im heißen Öl von allen Seiten anbraten. Den Essig darübersprenkeln und verdunsten lassen. Mit dem Wein ablöschen. Den Traubensirup und etwas Salz hinzufügen und köcheln lassen. Wenn der Wein fast verdunstet ist, den Koriander zugeben und die Pilze noch einmal kurz aufbraten.*

Porree-Bratlinge
Skuráthes

für 6 Personen

4 Stangen Porree (etwa 300 g)
200 g Weizenmehl
1/4 l Milch
2 Eier
*1/2 TL gemahlene Koriandersamen**
*1/2 TL gemahlener Kreuzkümmel**
1/3 TL geriebene Muskatnuß
Pflanzenöl
gemahlener weißer Pfeffer
Salz

◆ *Das Mehl mit der Milch und den Eiern gut verrühren. Mit dem Koriander, dem Kreuzkümmel, dem Muskat, Pfeffer und Salz würzen. Anschließend den Ausbackteig 30 Minuten im Kühlschrank ruhen lassen.*
Unterdessen von den Porreestangen den grünen Teil und von einer Stange auch das Weiße in dünne Ringe schneiden. Diese unter den Ausbackteig heben. In einer Pfanne etwas Öl erhitzen. Löffelweise die Bratlinge hineingeben und bei nicht zu hoher Temperatur braten.

Variante
Dem Teig noch schwarze Senfkörner beifügen. Sie geben den Bratlingen einen hervorragenden Geschmack. Schwarzer Senf ist allerdings auf Zypern nicht allgemein gebräuchlich.

Bemerkung
Die übriggebliebenen weißen Stangen Porree anderweitig verwenden.

Überbackenes Knoblauchbrot
Skordópsomo sto fúrno

für 16 Stück

5 Knoblauchzehen
3 EL Butter
8 Scheiben Toastbrot
gemahlener weißer Pfeffer
Salz

◆ *Die Knoblauchzehen zerdrücken. Knoblauch, Pfeffer und Salz mit einer Gabel unter die Butter kneten. Die Toastbrotscheiben diagonal durchschneiden und mit der Butter bestreichen.*
Die Brote auf dem Rost des vorgeheizten Ofens bei 200° überbacken, bis sie braun sind.

Überbackenes Olivenbrot
Psomí me eliés sto fúrno

für 20 Stück

24 entkernte schwarze Oliven
1 Knoblauchzehe
1 kleine, gehackte Zwiebel
3 EL Butter
Zitronensaft
10 Scheiben Toastbrot
gemahlener weißer Pfeffer

◆ *Die Oliven, den zerdrückten Knoblauch, die Zwiebel und die Butter mit dem Pürierstab vermischen; mit einigen Tropfen Zitronensaft und Pfeffer abschmecken. Die Toastbrotscheiben diagonal durchschneiden und mit der Olivenpaste bestreichen.*
Die Brote auf dem Rost des vorgeheizten Ofens bei 200° überbacken, bis sie braun sind.

Fleischspießchen
Suwlákia

für 6 Personen

2 Stunden vorher beginnen

800 g Schweine- oder Lammfleisch
1 saftige Zitrone
1 knappe Tasse Pflanzenöl
gemahlener schwarzer Pfeffer
Salz

◆ *Das Fleisch in Würfel schneiden.*
Die Zitrone auspressen und den Saft zur Seite stellen. Das Fruchtfleisch aus der Zitrone herauslösen und mit der Hälfte des Öls vermischen. Die Fleischwürfel in dieser Sauce etwa zwei Stunden marinieren. Gelegentlich wenden.
Die Fleischwürfel auf Spießchen stecken und über Holzkohlen grillen. Den Zitronensaft mit dem Rest des Öls mischen. Von Zeit zu Zeit die Suwlákia mit dieser Mischung einpinseln. Dabei nicht zuviel abtropfen lassen, da der Zitronensaft die Glut vermindert.
Mit Pfeffer und Salz bei Tisch würzen.

Beilagen
Joghurt, Petersilie, süßsauer eingelegter Sellerie*, Blumenkohl oder Möhren, Repáni* oder Radieschen, gehackte Zwiebeln, Gurken- oder Tomatenscheiben und Fladenbrot*

Bemerkung
Am besten eignet sich für Suwlákia ein gut marmoriertes Fleisch, zum Beispiel Nacken. Allzu mageres Fleisch wird leicht trocken.

Würstchen im Schweinenetz
Sieftaliá

für 24 Stück

1 Schweinenetz (etwa 200 g)
1/2 Tasse Zitronensaft
1/2 Tasse Essig
Salz

für die Füllung:
500 g Hackfleisch vom Schwein
5 EL gehackte Zwiebeln
3 EL Zitronensaft
5 EL gehackte frische Petersilie
1 EL Paniermehl
gemahlener schwarzer Pfeffer
Salz

◆ *1 l warmes Wasser mit dem Zitronensaft, dem Essig und 1 TL Salz vermischen. Das Schweinenetz darin einweichen.*
Die Zutaten für die Füllung sorgfältig vermengen und kühlstellen.
Das Schweinenetz in warmem Wasser spülen, abtropfen lassen, auf der Arbeitsfläche ausbreiten und in Stücke von 10 mal 10 cm schneiden. Aus der Füllung etwa daumengroße Würstchen formen und in die Schweinenetzstücke so einrollen, daß die Enden geschlossen sind. Die Sieftaliá zu mehreren auf Spieße stecken und langsam grillen, damit sie innen gar werden. Außen müssen sie gleichmäßig dunkelbraun sein.

Partybällchen
Keftedákia jiá party

für 4 Personen

500 g Hackfleisch vom Schwein
1 Ei
2 mittelgroße, sehr fein gehackte Zwiebeln
5 gehackte Knoblauchzehen
1/2 Bund Petersilie
1 EL Paniermehl
3 EL Zitronensaft
*1 TL Kreuzkümmel**
1/2 TL Thymian
1/2 TL Origano
1/2 TL zerstoßene Rosmarinnadeln
1/2 TL Basilikum
Pflanzenöl
Salz

◆ *Die Petersilie hacken, alle Zutaten bis auf das Öl gut vermischen und 30 Minuten in den Kühlschrank stellen.*
Etwas Öl auf mittlere Hitze erwärmen. Aus dem Hackfleisch runde Kugeln in der Größe eines Tischtennisballs formen und braten.

Fritierte Hackfleischbällchen in Purkúri-Kruste
Kúpes

für 15 Stück

3 Stunden vorher beginnen

*2 Tassen feines Purkúri**
1 1/2 Tassen heißes Wasser
Pflanzenöl
Salz

für die Füllung:
1 1/2 mittelgroße, sehr fein gehackte Zwiebeln
200 g mageres Hackfleisch vom Schwein
2 EL gehackte frische Petersilie
1 TL Zitronensaft
1/4 TL gemahlener Zimt
*1/2 TL gemahlene Koriandersamen**
gemahlener schwarzer Pfeffer
Salz

◆ *Das Purkúri mit einer Prise Salz in dem heißem Wasser drei Stunden lang einweichen.*
Für die Füllung 2 EL Öl erhitzen, die Zwiebeln und das Hackfleisch darin anbraten und schmoren, bis der Fleischsaft verdunstet ist. Vom Herd nehmen, die restlichen Zutaten unterrühren und abkühlen lassen.
Nach drei Stunden das Purkuri kneten, bis ein geschmeidiger, fester Teig entsteht. Eine Schüssel mit kaltem Wasser bereitstellen. Hände jeweils anfeuchten, etwa 1 EL Teig nehmen und daraus einen Hohlkörper formen. Dafür drückt man mit dem Zeigefinger den Teig gegen die gekrümmte Innenseite der anderen Hand. Diesen Hohlkörper mit dem Hackfleisch füllen und behutsam schließen. Die fertig zubereitete Form sollte einem Gänseei ähneln.
Ausreichend Öl erhitzen. Die Kúpes darin ausbacken, bis sie rundum braun sind.
Diese Hackfleischbällchen schmecken warm und kalt.

Variante
Statt des Schweinefleisches Lammfleisch verwenden. Dann aber nur warm servieren.

Champignons mit Schnecken in Tomatensauce

Manitária kä karaóli me sáltsa tomátas

für 4 Personen

4 Tage vorher beginnen

24 lebende Weinbergschnecken
Kleie oder Weizenspreu
1 Bund frischer Thymian
50 ml Zitronensaft
4 EL geriebener, fester Féta
Salz

für die Sauce:
4 mittelgroße, gehackte Zwiebeln
8 gehackte Knoblauchzehen
*100 g gehackter Staudensellerie**
1 TL Tomatenmark
550 g geschälte, pürierte Tomaten
2 gehackte scharfe Pfefferschoten
6 EL gehackte frische Petersilie
1 TL Zucker
325 g geputzte, kleine Champignons
Pflanzenöl
gemahlener schwarzer Pfeffer

◆ *Einen großen Topf mit Kleie oder Weizenspreu ausstreuen. Darauf den Thymian verteilen. Die Schnecken hineinsetzen und den Topf schließen. Den Deckel beschweren, damit die Schnecken ihn nicht anheben können. Die Schnecken drei bis vier Tage fasten lassen.*
Danach die Schnecken sorgfältig waschen und in einen Topf mit sauberem, kaltem Wasser geben. Erwärmen. Den Schaum abschöpfen. Sobald das Wasser kocht, den Zitronensaft und Salz hinzugeben. Nach wenigen Minuten sind die Schnecken fertig.
Für die Sauce in heißem Öl die Zwiebeln, den Knoblauch und den Sellerie goldbraun braten. Das Tomatenmark dazugeben und kurz mitbraten. Mit den pürierten Tomaten ablöschen. Die Pfefferschoten, die Petersilie, den Zucker, Pfeffer und Salz beifügen. Die Sauce etwas einköcheln lassen.
Die Champignons vierteln, der Sauce beifügen und garen.
Die Schnecken aus dem Gehäuse nehmen und auf feuerfeste Portionsschalen verteilen. Die Sauce darübergießen. Mit dem Féta bestreuen und im vorgeheizten Ofen bei 200° überbacken.

Variante
Für dieses Gericht können auch Weinbergschnecken aus der Dose verwandt werden.

Salziges Gebäck und Brot
Almirá kä psomí

Käseplätzchen
Biskótta me tirí

Diese einfachen und sehr schnell zubereiteten Käseplätzchen können warm wie kalt gegessen werden und passen gut zu Bier und Wein. Auf Zypern werden sie meist zum Tee oder Kaffee am Nachmittag gereicht.

30 Minuten vorher beginnen

*150 g geriebener alter Kefalotíri**
100 g Weizenmehl
*100 g Joghurt**
50 g Margarine
1 Eigelb
*Kreuzkümmelsamen**
gemahlener schwarzer Pfeffer

◆ *Den Käse, das Mehl, den Joghurt, die Margarine und eine Prise Pfeffer zu einem Teig verkneten. 30 Minuten zugedeckt in den Kühlschrank stellen.*
Aus dem Teig kirschgroße Kügelchen formen und auf ein nicht eingefettetes Backblech setzen. Genügend Abstand lassen, denn die Plätzchen gehen in die Breite. Mit Eigelb bestreichen und mit Kreuzkümmel bestreuen.
Das Blech in den auf 150° vorgeheizten Ofen schieben und 15 bis 20 Minuten backen. Aus dem Ofen nehmen und die Plätzchen sofort vom Blech lösen.

Variante
Der Kefalotíri kann auch durch Fiore sardo, alten Gouda oder Sbrinz ersetzt werden.

Käseplätzchen nach Großmutters Art
Tiropittákia tis jiajiás

45 Minuten vorher beginnen

150 g Weizenmehl
1/2 Tütchen Backpulver
*150 g geriebener junger Kefalotíri**
150 g Butter
2 Eier
2 Eigelb
zum Garnieren:
Walnußhälften
geschälte Mandeln
Sesamkörner
Mohnsamen
*Kreuzkümmelsamen**
Senfkörner

◆ *Das Mehl mit dem Backpulver und dem Käse vermischen. Die Butter und die Eier hinzufügen und alles zu einem Teig kneten. 45 Minuten zugedeckt kühlstellen.*
Den Teig auf einer mit Mehl bestreuten Fläche 1/2 cm dick ausrollen. Runde Plätzchen von 3 bis 4 cm Durchmesser ausstechen. Ein Backblech einfetten und mit Mehl bestreuen. Die Plätzchen darauflegen. Die beiden Eigelb verrühren und damit die Plätzchen bestreichen. Mit den verschiedenen Garnierzutaten dekorieren.
Das Blech in den auf 180° vorgeheizten Ofen schieben und 20 bis 30 Minuten backen.

Käsehalbmonde
Burékia me tirí

für 12 Stück

½ bis 1 Stunde vorher beginnen

300 g Weizenmehl
Olivenöl
Pflanzenöl
Salz

für die Füllung:
1 EL Margarine
1½ EL Weizenmehl
1 Tasse Milch
1 gestrichener TL Puderzucker
1 mittelgroße, gehackte Zwiebel
*200 g alter Kefalotíri**
2 Eier

◆ *Für den Teig das Mehl mit 1 TL Salz vermischen. 1 EL Olivenöl und 1 Tasse lauwarmes Wasser hinzufügen und zu einem Teig verkneten. Zu einer Kugel formen und mit etwas Olivenöl einpinseln. Eine halbe bis eine Stunde an einem warmen Ort zugedeckt ruhen lassen.*
Für die Füllung eine Béchamelsauce zubereiten. Die Margarine erhitzen, das Mehl einrühren und hellgelb werden lassen. Die Milch zugeben und mit dem Schneebesen durchschlagen, damit sich keine Klumpen bilden. Vom Herd nehmen, den Puderzucker und die Zwiebel hinzufügen und abkühlen lassen. In der Zwischenzeit den Kefalotíri reiben und unterziehen. Wenn die Gefahr des Gerinnens nicht mehr besteht, die Eier unter die Sauce rühren.
Den Teig in zwölf gleich große Bällchen teilen. Jedes auf einer mit Mehl bestreuten Fläche dünn ausrollen. Jeweils etwa 1 EL Käsefüllung daraufgeben, die Ränder befeuchten und zur Hälfte umklappen, so daß ein Halbmond entsteht. Die Ränder gut zudrücken. Anschließend die Form mit einem gewellten Rädchen begradigen. Die Käsetaschen mit etwas Pflanzenöl einpinseln und auf ein eingefettetes Backblech legen. Zweimal anstechen, damit sie beim Backen nicht platzen.
Das Blech in den auf 200° vorgeheizten Ofen schieben und 10 Minuten backen. Die Temperatur auf 170° reduzieren und weitere 15 Minuten backen.
Das Gebäck warm oder kalt servieren.

Käsetaschen
Tiropittákia

für 20 Stück

300 g Blätterteig
2 Eier
*200 g geriebener Kefalotíri**

◆ *Aus dem Blätterteig zwei gleich große Stücke ausrollen (je etwa 24 mal 30 cm). Die Eier mit dem Käse vermischen. Daraus 20 Kügelchen formen und gleichmäßig so auf einer der beiden Teigflächen verteilen, daß sich daraus später 20 Quadrate der Größe 6 mal 6 cm mit je einer Käsekugel in der Mitte schneiden lassen. Doch zunächst den Zwischenraum zwischen den Kügelchen mit etwas Wasser anfeuchten. Das zweite Blätterteigstück auflegen und rund um die Kügelchen gut andrücken. Mit dem Teigschneider die 20 Quadrate ausschneiden, so daß die Kügelchen jeweils in der Mitte sitzen.*
Prüfen, ob die Ränder wirklich gut verschlossen sind. Wenn nötig, noch einmal nachfeuchten.
Die Käsetaschen je einmal anstechen, damit sie beim Backen nicht platzen, und mit etwas Abstand auf zwei Bleche legen. Kurze Zeit ruhen lassen, dann in den auf 220° vorgeheizten Backofen schieben. Nach 7 Minuten die Hitze auf 180° reduzieren und weitere 8 Minuten backen.
Die Tiropittákia schmecken am besten, wenn sie gerade erst abgekühlt sind.

Variante
Den Kefalotíri durch Provolone ersetzen.

Einfacher Käsekuchen
Tirópitta aplí

300 g Weizenmehl
2 Tütchen Backpulver
*250 g geriebener Kefalotíri**
1 Kartoffel (etwa 50 g)
160 ml Milch
100 g weiche Butter
6 Eier
2 EL gehackte frische Minze
1 mittelgroße, gehackte Zwiebel
Salz

◆ *Das Mehl mit dem Backpulver und 1/3 TL Salz vermischen. Den Käse dazugeben. Die Kartoffel schälen und in die Milch reiben, damit sie nicht braun wird.*
Die Butter mit den Eiern verrühren. Nach und nach das vorbereitete Mehl und die Milch sowie die Minze und die Zwiebel unterrühren.
Eine Kranzform einfetten und sparsam mit Mehl ausstreuen. Den Kuchenteig hineingeben und in den auf 175° vorgeheizten Backofen stellen, daneben ein Schälchen Wasser, damit der Kuchen nicht austrocknet. 15 Minuten backen. Die Temperatur auf 150° reduzieren und weitere 30 Minuten backen.
Servieren, wenn der Kuchen gerade erkaltet ist.

Variante
Den Kefalotíri durch alten Gouda ersetzen.

Bemerkung
Der Kuchen kann auch als Blechkuchen oder in kleinen Formen in Portionsgröße gebacken werden. Dann die Backzeiten auf insgesamt 30 bzw. 20 Minuten verkürzen. Bei der Wahl der Backform ist zu bedenken, daß der Teig auf das doppelte Volumen aufgeht.

Käsekuchen
Tirópitta

30 Minuten vorher beginnen

200 g Weizenmehl
3/4 Tütchen Backpulver
40 g Butter
1 kleines Ei
*120 g Joghurt**
1 Eigelb
gemahlener schwarzer Pfeffer
Salz

für die Füllung:
2 Eier
100 ml Schlagsahne
1 gestrichener TL Puderzucker
*125 g geriebener Kefalotíri**
*125 g geriebener Challúmi**
1 mittelgroße, feingehackte Zwiebel

◆ *Das Mehl mit dem Backpulver, Pfeffer und Salz vermischen. Die Butter, das Ei und den Joghurt hinzufügen und verkneten. 30 Minuten zugedeckt kühlstellen.*
Für die Füllung die Eier mit der Sahne und dem Puderzucker verschlagen. Den Käse und die Zwiebel unterheben.
Eine Form von etwa 20 mal 30 cm mit einem mindestens 3 cm hohen Rand einfetten und mit Mehl ausstreuen.
Den Teig im Verhältnis 3 zu 4 teilen. Den größeren Teil auf einer mit Mehl bestreuten Fläche so ausrollen, daß damit der Boden und die Seiten der Backform ausgekleidet werden können. Am einfachsten geht das mit dem zyprischen martádsi, einem etwa 3 cm dicken und 1 m langen Stock. Den ausgewalzten Teig auf den Stock aufrollen und über der Form wieder ausrollen. Anschließend die Füllung gleichmäßig in der Form verteilen. Den Rest des Teiges ausrollen und damit die Füllung abdecken. Darauf achten, daß der Teig nirgends doppelt liegt. Den Teigdeckel mit einer Mischung aus dem Eigelb und 1 TL Wasser einpinseln und etwa zehnmal einstechen, damit der Dampf entweichen kann.
Den Kuchen in den auf 175° vorgeheizten Ofen stellen und 15 Minuten backen. Die Temperatur auf 150° reduzieren und weitere 25 Minuten backen.
Wenn der Kuchen gerade erkaltet ist, in Schnitten von 4 mal 6 cm schneiden und servieren.

Hackfleischtaschen
Burékia me kimá

für 35 Stück

1 1/2 Stunden vorher beginnen

300 g Weizenmehl
Pflanzenöl
Salz

für die Füllung:
400 g mageres Hackfleisch vom Schwein
2 große, gehackte Zwiebeln
*3 EL Chiroméri**
2 EL gehackte frische Petersilie
1 TL Basilikum
1/2 TL gemahlener Zimt
Cayennepfeffer
*1 TL gemahlene Koriandersamen**
2 TL Tomatenmark
gemahlener schwarzer Pfeffer

◆ *Für den Teig das Mehl mit einer Prise Salz, 1 TL Öl und 1 Tasse lauwarmem Wasser zu einem geschmeidigen Strudelteig verkneten. Eine Kugel formen, mit etwas Öl einpinseln und eineinhalb Stunden an einen warmen Ort stellen.*
Unterdessen für die Füllung das Hackfleisch mit den Zwiebeln in etwas Öl anbraten. Den entstehenden Fleischsaft verdampfen lassen. Vom Herd nehmen und den kleingeschnittenen Chiroméri hinzufügen. Mit der Petersilie, dem Basilikum, dem Zimt, einer Prise Cayennepfeffer, dem Koriander, Pfeffer und Salz würzen und das Tomatenmark beifügen.
Den Teig portionsweise auf einer mit Mehl bestreuten Fläche ausrollen. Runde Stücke von etwa 10 cm Durchmesser ausschneiden. In die Mitte je 1 gut gehäuften TL der Füllung geben. Den Rand mit Wasser bestreichen und die Hälfte des Teiges so umschlagen, daß ein Halbmond entsteht. Den Rand mit den Spitzen einer Gabel festdrücken.
Genügend Öl erhitzen und die Fleischtaschen fritieren. Warm servieren.

Varianten
> Den Koriander durch Kreuzkümmel ersetzen.*
> Statt des Chiroméri kann auch Lúndsa oder geräucherter Schinken genommen werden.*

◆ *Für den Teig das Mehl mit dem Backpulver, dem Zucker und einer Prise Salz vermischen. Die Butter, die Eigelbe und die Milch zugeben und zu einem Teig verkneten. 30 Minuten zugedeckt in den Kühlschrank stellen.*
Unterdessen für die Füllung das Hackfleisch mit den Zwiebeln und dem Knoblauch anbraten. Vom Herd nehmen und die restlichen Füllungszutaten beimengen.
Für die Béchamelsauce die Margarine erhitzen, das Mehl einrühren und hellgelb werden lassen. Die Milch zugeben und mit dem Schneebesen durchschlagen, damit sich keine Klumpen bilden. Einige Minuten köcheln lassen. Mit dem Muskat und dem Zucker würzen. Das Eigelb unterziehen. Den Käse hinzufügen und alles gut mischen.
Acht feuerfeste Formen von etwa 10 cm Durchmesser und 2 cm Tiefe mit Butter einstreichen und mit Paniermehl ausstreuen.
Den Teig in acht gleich große Kugeln aufteilen und jede so ausrollen, daß damit je eine Portionsform einschließlich des Randes ausgekleidet werden kann. Den Teig in die Formen geben und die Hackfleischfüllung etwa 1 cm dick darauf verteilen. Die Béchamelsauce darübergießen. Die Gefäße dürfen nicht randvoll sein, weil sonst die Sauce leicht überläuft.
Die Formen in den auf 200° vorgeheizten Ofen stellen und etwa 20 Minuten backen.
Warm servieren.

Kleine Fleischkuchen
Kreatopittákia

für 8 Stück

350 g Weizenmehl
1 Tütchen Backpulver
1/2 TL Zucker
100 g Butter
2 Eigelb
1 Tasse Milch
Paniermehl
Pflanzenöl
Salz

für die Füllung:
600 g Hackfleisch vom Schwein
2 1/2 mittelgroße, gehackte Zwiebeln
4 gehackte Knoblauchzehen
2 EL gehackte frische Petersilie
1/2 EL Basilikum
1/4 TL gemahlener Zimt
1 Prise Cayennepfeffer
3 TL Tomatenmark
gemahlener schwarzer Pfeffer
Salz

für die Sauce:
2 EL Margarine
2 EL Weizenmehl
1/2 l Milch
1/4 TL geriebene Muskatnuß
1/3 TL Zucker
1 Eigelb
*1 Tasse geriebener Kefalotíri**

Hackfleischschiffchen nach türkisch-zyprischer Art
Börekler

für 8 Stück

1 Stunde vorher beginnen

500 g Weizenmehl
1 TL Zucker
1 Tütchen Trockenhefe
300 ml lauwarme Milch
1 EL Tomatenmark
Olivenöl
Salz

für den Belag:
1 kg Hackfleisch vom Rind
4 mittelgroße, gehackte Zwiebeln
8 gehackte Knoblauchzehen
100 g grüne Paprikaschoten
*50 g Staudensellerie**
100 g Möhren
*50 g Knollensellerie**
100 g Zucchini
2 feingehackte Pfefferschoten
1/4 TL scharfer Paprika
*1 TL gemahlener Kreuzkümmel**
1/2 TL gemahlener Zimt
*1/4 TL Sumach**
1 TL Basilikum
1 TL Majoran
200 g geschälte Tomaten
1 EL Tomatenmark
*3 EL Commandaría**
zum Garnieren:
geschälte Mandeln
Zucchini-, Pfefferschoten- oder Käsestreifen

◆ *Für den Teig das Mehl mit dem Zucker, einer Prise Salz und der Trockenhefe vermischen. Die Milch zugeben und zu einem Teig kneten. Mit einem Tuch abdecken und an einem warmen Ort eine Stunde gehen lassen.*
Für den Belag unterdessen das Hackfleisch mit den Zwiebeln und dem Knoblauch in etwas Öl anbraten. Den Topf vom Herd nehmen. Die Paprikaschote und den Staudensellerie hacken. Die Möhren, den Knollensellerie und die Zucchini raspeln. Mit dem Fleisch vermischen und die Pfefferschoten hinzufügen. Mit Paprika, Kreuzkümmel, Zimt, Sumach, Basilikum, Majoran und Salz würzen. Die Tomaten kleinschneiden und mit dem Tomatenmark hinzufügen. Mit dem Commandaría abschmecken. Alles gut vermischen. Wenn nötig, bis zu 1/2 Tasse Wasser zugießen. Die Konsistenz sollte so sein, daß sich während des Umrührens keine Flüssigkeit zeigt, nach wenigen Minuten der Ruhe jedoch sich Flüssigkeit absetzt.
Aus dem Teig acht »Boote« formen. Dazu den Teig in acht gleich große Kugeln teilen. Diese zu Ovalen ausrollen. An den zwei länglichen Seiten etwas einschlagen und die Spitzen zurechtziehen. Das Tomatenmark mit 3 EL Olivenöl vermischen und die hochstehenden Kanten damit bestreichen.
Die Füllung gleichmäßig auf die Teigboote verteilen. Mit Mandeln, Streifen aus Zucchini, Pfefferschoten oder Käse nach Geschmack garnieren.
Die Börekler in den auf 200° vorgeheizten Ofen stellen und etwa 20 Minuten backen.

Hackfleischpizza
Lachmadsiú

für 16 Stück

1 1/2 Stunden vorher beginnen

300 g Weizenmehl
200 g dunkles Weizenmehl (Type 1050)
1 TL Zucker
2 Tütchen Trockenhefe
Salz

für die Füllung:
1 kg Hackfleisch vom Schwein
3 mittelgroße, sehr fein gehackte Zwiebeln
10 Knoblauchzehen
5 EL gehackte frische Petersilie
250 g geschälte, pürierte Tomaten
2 TL Tomatenmark
1 TL Thymian
1 TL Basilikum
Cayennepfeffer
2 EL Butter
gemahlener schwarzer Pfeffer

◆ *Für den Teig das Mehl mit dem Zucker, 1 TL Salz und der Trockenhefe vermischen. 2 Tassen lauwarmes Wasser hinzufügen und zu einem Hefeteig verkneten. Mit einem Tuch bedecken und an einem warmen Ort 90 Minuten gehen lassen. Danach in 16 gleich große Kugeln formen und weitere 10 Minuten gehen lassen. Auf einer mit Mehl bestreuten Unterlage zu 3 mm dicken Fladen ausrollen. Mehrere Backbleche einfetten und die Fladen darauflegen.*
Die Füllungszutaten sorgfältig miteinander vermischen.
Die Füllung auf die Fladen verteilen und dünn bis zum äußersten Rand verstreichen. Die Bleche in den auf 180° vorgeheizten Ofen stellen und etwa 30 Minuten backen.

Bemerkung
Die Hackfleischpizza ist arabischen Ursprungs und in verschiedenen Abwandlungen über den ganzen Orient verbreitet. Während in der Türkei zum Beispiel gern Dill beigegeben wird, benutzen die Israelis Granatapfelkerne, und die Iraker vermeiden durch die Zugabe von geriebenen Zucchini ein Austrocknen des Lammfleischbelages beim Backen. Auf Zypern wird Lachmadsiú meist von Armeniern an Ständen als Imbiß angeboten. Der Boden wird auch aus Sauerteig zubereitet, und als Füllung findet man statt des Schweinefleisches auch Lammfleisch, das mit etwas Zitronensaft gewürzt wird.

Olivenkuchen
Eliópitta

1 1/4 Stunden vorher beginnen

500 g Weizenmehl
1 Tütchen Trockenhefe
1 knapper TL Zucker
1/8 l lauwarme Milch
2 Eigelb
1/2 TL frisch geriebene Orangenschale
Olivenöl
*2 EL Filfár**
Paniermehl
Salz

für die Füllung:
5 mittelgroße, gehackte Zwiebeln
350 g entkernte schwarze Oliven
2 Eiweiß
2 EL getrocknete Minze

zum Bestreichen:
1 Eigelb
1 EL Milch

◆ *Für den Teig das Mehl mit der Trockenhefe, dem Zucker und einer Prise Salz mischen. Die Milch, 1/8 l lauwarmes Wasser, die Eigelbe, die Orangenschale, 2 EL Öl und den Filfár dazugeben und alles zu einem geschmeidigen Teig verkneten. 75 Minuten an einem warmen Ort gehen lassen.*

Für die Füllung die Zwiebeln mit 2 EL Öl vermischen und zur Seite stellen. Die Hälfte der Oliven pürieren, den Rest in kleine Stücke schneiden.

Wenn der Teig gegangen ist, die Eiweiß schlagen und alle Füllungszutaten miteinander vermengen. Eine Kastenform mit Öl einfetten und mit Paniermehl ausstreuen.

Den Teig auf einem mit Mehl bestreuten Tuch ausrollen. Der Teig sollte so breit sein, wie die Kastenform lang ist, und 5 bis 8 mm dick. Die Füllung auf dem Teig gleichmäßig verteilen und den Teig einrollen.

Die Rolle in die Kastenform legen und mehrfach einstechen. Das Eigelb und die Milch verquirlen und den Kuchen damit bestreichen.

Den Kuchen in den auf 180° vorgeheizten Ofen stellen und etwa 10 Minuten backen, bis er anfängt zu gehen. Die Temperatur auf 150° reduzieren und weitere 30 bis 40 Minuten backen.

Fladenbrot
Pítta

für 8 Stück

1 Stunde vorher beginnen

500 g dunkles Weizenmehl (Type 1050)
1/2 TL Zucker
1 Tütchen Trockenhefe
Salz

◆ *Das Mehl mit dem Zucker, 1 TL Salz und der Trockenhefe vermischen. 320 ml lauwarmes Wasser zugeben und kneten, bis ein geschmeidiger Teig entsteht. Mit einem Tuch abdecken und an einem warmen Ort eine Stunde gehen lassen.*
Aus dem Teig acht gleich große Kugeln formen und kurz ruhen lassen. Auf einer mit Mehl bestreuten Fläche zu ovalen Píttes ausrollen, je etwa 1/2 cm dick. Die Fladen, vorzugsweise auf einem Holzbrett, an einem warmen Ort nochmals 30 Minuten gehen lassen.
Den Backofen auf 240° vorheizen. Die Píttes auf ein heißes, mit Mehl bestreutes Blech legen. Dabei darauf achten, daß sie nicht gedrückt werden, da sie sonst nicht gleichmäßig aufgehen. Etwa 5 Minuten backen. Dabei soll jeder Fladen so aufgehen, daß man sieht, wie sich die Oberseite vom Boden löst.

Bemerkung
Am liebsten essen die Zyprer ihre Pítta mit Sieftaliá (siehe Rezept), Suwlákia (siehe Rezept), Salat, verschiedenen eingelegten Gemüsen, vor allem Blumenkohl, und Kräutern gefüllt. Dazu wird die Pítta an einer Längskante eingeschnitten, wie eine Tasche geöffnet, gefüllt und dann auf den Teller gelegt. Der obere Teil wird Stück für Stück abgerissen und zum Inhalt verzehrt.

Bauernbrot
Daktiliá i kulúra

1 1/4 Stunden vorher beginnen

500 g Weizenmehl
1/2 TL Zucker
1 1/2 Tütchen Trockenhefe
1/8 l lauwarme Milch
4 TL Pflanzenöl
1 EL Sesamkörner
Salz

◆ *Das Mehl mit dem Zucker, 1/2 TL Salz und der Trockenhefe mischen. Die Milch, das Öl und 1/8 l lauwarmes Wasser hinzufügen und alles zu einem geschmeidigen Teig verarbeiten. Zugedeckt an einem warmen Ort 75 Minuten ruhen lassen.*
Für Daktiliá einen schmalen Brotlaib formen. Mit vier tiefen Quereinschnitten versehen, jedoch nicht völlig durchschneiden. Die Seiten des Brotlaibes anschließend glätten.
Für Kulúra aus dem Teig einen Ring von 15 cm Durchmesser formen.
Das Brot mit etwas lauwarmem Wasser einpinseln und mit dem Sesam bestreuen. Weitere 15 Minuten ruhen lassen.
In den auf 180° vorgeheizten Backofen eine Schale mit Wasser stellen. Das Brot 35 bis 45 Minuten backen.

Variante
Statt mit Sesamkörnern mit schwarzem Kümmel oder mit Anissamen bestreuen.

Bemerkung
Für die Kirche wird ein besonderes Brot (Prósforo) gebacken. Dieses wird mit Mastícha und Orangenblütenwasser* gewürzt und nicht mit Sesam bestreut. Dafür erhält es auf der glatten Oberfläche den Prägestempelabdruck der Kirche.*

Suppen
Súpes

Eierzitronensuppe mit Fleischklößchen

Awgolémono me jiuwarlákia

1 Suppenhuhn
1 Lorbeerblatt
2 Stangen Zimt
gemahlene Gewürznelke
1 Ei
2 Eigelb
6 EL Zitronensaft
gemahlener schwarzer Pfeffer
Salz

für die Fleischklößchen:
200 g Hackfleisch von Rind und Schwein
2 mittelgroße, sehr fein gehackte Zwiebeln
2 1/2 EL feingehackte frische Petersilie
6 Blätter feingehackte frische Minze
2 Eiweiß
20 g Paniermehl
1/3 TL gemahlener Anis

◆ *Das Huhn in 1,5 l Wasser mit dem Lorbeerblatt, dem Zimt und jeweils einer Prise Nelke, Pfeffer und Salz gar kochen. Es sollte etwa 1 l kräftige Hühnerbrühe entstehen. Diese durch ein Sieb geben.*
Die Zutaten für die Fleischklößchen gut vermengen und walnußgroße Kugeln daraus formen. Sie müssen in der heißen, gesiebten Brühe ziehen, ohne zu kochen.
Für die Legierung das Ei mit den Eigelben und dem Zitronensaft mischen. Sobald die Klößchen gar sind, den Topf vom Herd nehmen. Dem Eier-Zitronen-Gemisch löffelweise insgesamt 15 Löffel von der Brühe zugeben. Nach jedem Löffel umrühren. Dann das Gemisch unter ständigem Rühren in die Brühe zurückgießen. Nicht mehr aufkochen.

Varianten
> *Statt der Fleischklößchen das kleingeschnittene Hühnerfleisch als Einlage nehmen.*
> *In der einfachsten Form dient gekochter Reis als Einlage.*

Bemerkung
Das Huhn kann für ein anderes Gericht verwandt werden.

Hammel-Kartoffelsuppe
Sarkesáda (Endráda)

500 g Hühnerteile (Rücken, Flügel und Hals)
250 g Lammfleisch im Stück
1 Lorbeerblatt
2 Stangen Zimt
1/2 TL gemahlener Anis
gemahlene Gewürznelke
200 g geschälte Kartoffeln
1 Möhre
*1 Stange Sellerie**
2 Eigelb
4 EL Zitronensaft
7 EL feingehackte frische Petersilie
gemahlener schwarzer Pfeffer
Salz

◆ *Die Hühnerteile und das Lammfleisch in einen Topf mit 1 3/4 l Wasser geben und mit dem Lorbeerblatt, dem Zimt, dem Anispulver, einer Prise Nelke, Pfeffer und Salz kochen, bis eine kräftige Brühe entstanden ist.*
Das Lammfleisch herausnehmen und in Würfel schneiden. Die Brühe durch ein Sieb schütten. Das Lammfleisch in die Brühe geben und weiterkochen. Die Kartoffeln und die Möhre würfeln, den Sellerie fein hacken. Als erstes die Kartoffelwürfel der Brühe beifügen, 10 Minuten später auch Möhre und Sellerie dazugeben und alles garen.
Die Eigelbe mit dem Zitronensaft mischen. Den Topf vom Herd nehmen. Dem Eier-Zitronen-Gemisch löffelweise insgesamt 15 Löffel von der Brühe zugeben. Nach jedem Löffel umrühren. Dann das Gemisch unter ständigem Rühren in die Brühe zurückgießen. Nicht mehr aufkochen. Vor dem Servieren die Petersilie in die Suppe streuen.

Knoblauchsuppe
Skordósupa

Putenteile (Rücken, Flügel und Hals)
1 Putenbrust
2-3 Stangen Zimt
3 Eigelb
3 EL Zitronensaft
2 EL Essig
100 ml Olivenöl
5 Knoblauchzehen
100 g geschälte, feingehackte Mandeln
2 EL süße Sahne
gemahlener schwarzer Pfeffer
Salz

◆ *Die Putenteile und die Putenbrust in 1,5 l Wasser geben, mit dem Zimt, Pfeffer und Salz würzen und kochen, bis eine kräftige Brühe entstanden ist.*
Die Eigelbe mit dem Zitronensaft, dem Essig, dem Öl, dem zerdrückten Knoblauch und den Mandeln gut vermischen und zum Ziehen zur Seite stellen.
Wenn das Fleisch gar ist, den Topf vom Herd nehmen. Die Putenbrust herausheben und in kleine Würfel schneiden. Die Brühe durch ein Sieb schütten und mit den Putenwürfeln kurz aufkochen. Dem Eiergemisch löffelweise insgesamt 15 Löffel von der Brühe zugeben. Nach jedem Löffel umrühren. Dann das Gemisch unter ständigem Rühren in die Brühe zurückgießen. Nicht mehr aufkochen. Zum Schluß die Sahne unterrühren.

Schneckensuppe mit Commandaría
Súpa me karaólus kä commandaría

24 gekochte Weinbergschnecken
1 EL Butter
2 EL Erdnußöl
5 EL feingehackte Schalotten
8 feingehackte Knoblauchzehen
1/4 l Hühnerbrühe
1/8 l trockener Weißwein
1/2 TL Thymian
2 TL Stärkemehl
100 ml süße Sahne
*3 EL Commandaría**
2 EL gehackte frische Petersilie
gemahlener schwarzer Pfeffer
Salz

◆ *Die Weinbergschnecken vierteln.*
Die Butter mit dem Öl erwärmen. Die Schalotten und den Knoblauch darin goldbraun braten. Die Schnecken zugeben, kurz anbraten und mit der Hühnerbrühe und dem Wein ablöschen. Den Thymian, Pfeffer und Salz hinzufügen und köcheln lassen. Das Stärkemehl in der Sahne lösen, in die Suppe einrühren und kurz aufkochen. Den Commandaría hinzugießen und den Alkohol verdunsten lassen.
Zum Servieren die Suppe mit der Petersilie bestreuen.

Bemerkung
Die Zubereitung frischer Schnecken wird im Rezept »Champignons mit Schnecken in Tomatensauce« beschrieben.

Porreesuppe
Súpa me skuráthes

250 g Porree
Margarine
1/2 l Rinderbrühe
75 g geschälte Kartoffeln
1/2 TL gemahlener Zimt
*1/2 TL feingemahlene Koriandersamen**
1/8 l süße Sahne
3 EL trockener Sherry
gemahlener weißer Pfeffer
Salz

◆ *Den Porree waschen, den grünen vom weißen Teil trennen und beide in etwa 1 cm lange Stücke schneiden.*
Etwas Margarine erhitzen und darin die weißen Porreestücke kräftig anbraten. Mit der Rinderbrühe ablöschen. Die Kartoffeln reiben und mit den grünen Porreestücken in den Topf geben. Mit dem Zimt, dem Koriander, Pfeffer und Salz würzen. Die Suppe etwa 10 Minuten ziehen lassen. Wenn das Gemüse gar ist, alles pürieren. Mit der Sahne und dem Sherry abschmecken und servieren.

Beilage
Knoblauch-Croûtons (siehe Rezept »Gemüsesuppe mit Knoblauch-Croûtons«)

Gemüsesuppe mit Knoblauch-Croûtons

Chortósupa me katsúres skórdu

100 g Kartoffeln
100 g Zucchini
100 g Möhren
*100 g Staudensellerie**
100 g verschiedenfarbige Paprikaschoten
400 ml Hühnerbrühe
400 ml Rinderbrühe
100 g Blumenkohlröschen
2 mittelgroße, gehackte Zwiebeln
4 Knoblauchzehen
1/4 l Milch
1/4 TL geriebene Muskatnuß
gemahlener weißer Pfeffer
Salz

für die Knoblauch-Croûtons:
3 Scheiben Toastbrot
4 Knoblauchzehen
Pflanzenöl

◆ *Die Kartoffeln, die Zucchini, die Möhren, die Sellerie und die Paprikaschoten in kleine Würfel schneiden.*
Die Hühner- und die Rinderbrühe in einen Topf gießen und darin das Gemüse mit den Zwiebeln und den zerdrückten Knoblauchzehen gar kochen. Pürieren, die Milch hinzufügen und mit dem Muskat, Pfeffer und Salz abschmecken. Nochmals aufkochen.
Für die Croûtons das Toastbrot in Würfel schneiden. Etwas Öl in einer Pfanne erhitzen, die Brotwürfel darin anbraten, salzen. Ständig wenden. Wenn das Brot anfängt, braun zu werden, die zerdrückten Knoblauchzehen hinzufügen und kurz rösten. Der Knoblauch darf nicht dunkel werden.
Die Croûtons als Beilage zur Suppe servieren.

Variante
Statt der Croûtons kleine Challúmi-Würfel zur Suppe reichen.*

Champignonsuppe
Súpa me manitária

125 g Champignons
*1 EL geraspelter Knollensellerie**
1/4 l Hühnerbrühe
3 EL Erdnußöl
1 kleine, sehr fein gehackte Zwiebel
3 EL Weizenmehl
1/2 l Milch
*1 1/2 TL gemahlene Koriandersamen**
1 Eigelb
6 EL trockener Sherry
8 gehackte Walnüsse
gemahlener weißer Pfeffer
Salz

◆ *Die Champignons waschen und in sehr dünne Scheiben schneiden. Mit dem Sellerie 3 Minuten in der Hühnerbrühe kochen.*
Inzwischen eine Mehlschwitze zubereiten. Das Öl erhitzen und die Zwiebel darin anbraten. Das Mehl einrühren und hellgelb werden lassen. Die Milch zugeben und mit dem Schneebesen durchschlagen, damit sich keine Klumpen bilden. Einige Minuten köcheln lassen. Mit dem Koriander, Pfeffer und Salz abschmecken. Das Eigelb unterziehen.
Die Hühnerbrühe mit den Champignons zugeben und mit Sherry abschmecken.
Zum Servieren mit den Walnüssen bestreuen.

Gelbe Erbsensuppe
Luwána

250 g gelbe Schälerbsen
75 g Kartoffeln
1 l Rinderbrühe
1 EL gehackte Petersilienwurzel
4 EL Zitronensaft
1/2 Tasse Olivenöl
6 gehackte Zwiebeln
20 entkernte schwarze Oliven
gemahlener schwarzer Pfeffer
Salz

◆ *Die Schälerbsen in 3/4 l Wasser kochen. Den Schaum abschöpfen. Die Kartoffeln in kleine Würfel schneiden.*
Wenn sich auf den Erbsen kein Schaum mehr bildet, die Rinderbrühe, die Kartoffeln, die Petersilienwurzel und den Zitronensaft beifügen und mit Pfeffer und Salz würzen. Wenn alles gar ist, die Suppe pürieren.
Das Öl erhitzen und die Zwiebeln darin dunkelbraun braten. Die Zwiebeln mit dem Öl unter die Suppe rühren.
Vor dem Servieren einige Oliven in jeden Suppenteller geben.

Variante
In Fastenzeiten wird die Rinderbrühe durch Wasser ersetzt.

Kichererbsensuppe mit Tachí
Súpa chúmi

am Vortag beginnen

250 g Kichererbsen
*4 EL ungezuckerte Tachí**
8 Knoblauchzehen
8 EL gehackte frische Petersilie
4 EL Zitronensaft
4 EL Olivenöl
etwa 200 ml Fleischbrühe
24 entkernte schwarze Oliven
gemahlener schwarzer Pfeffer
Salz

◆ *Die Kichererbsen über Nacht in 1 l Wasser einweichen, danach im Einweichwasser kochen. Unterdessen die Sesampaste mit dem zerdrückten Knoblauch, mit 6 EL Petersilie, dem Zitronensaft, dem Öl, Pfeffer und Salz vermischen. Die gegarten Kichererbsen pürieren. Die Sesam-Mischung beifügen und soviel heiße Fleischbrühe zugeben, bis die gewünschte Konsistenz erreicht ist. Die Oliven in der Suppe erwärmen. Zum Servieren die Suppe mit der restlichen Petersilie bestreuen.*

Selleriesuppe
Selinósupa

*750 g kleiner Knollensellerie**
*Selleriegrün**
4 gehackte Walnüsse
3 große, gehackte Zwiebeln
Margarine
3/4 l Hühnerbrühe
4 EL gehackte frische Petersilie
*1/2 TL gemahlene Koriandersamen**
2 Eigelb
4 EL trockener Weißwein
125 g gekochtes Hühnerfleisch
6 EL süße Sahne
1 EL Zitronensaft
gemahlener schwarzer Pfeffer
Salz

◆ *Das frischeste Selleriegrün von den Knollen schneiden, hacken, mit den Walnüssen vermischen und für die Garnierung zur Seite stellen. Die Knollen mitsamt ihren zarteren Stengeln würfeln und mit den Zwiebeln in der erhitzten Margarine andünsten. Mit der Hühnerbrühe ablöschen. Die Petersilie hinzufügen, mit dem Koriander, Pfeffer und Salz würzen. Etwa 10 bis 15 Minuten köcheln lassen. Anschließend pürieren. Die Eigelbe mit dem Wein vermischen. Nach und nach etwas Suppe hinzugeben. Schließlich das verdünnte Eigelbgemisch in die Suppe einrühren. Das Hühnerfleisch klein schneiden und beifügen. Die Sahne unterrühren. Wenn die Suppe wieder erwärmt ist, mit dem Zitronensaft abschmecken.*
Vor dem Servieren das gehackte Selleriegrün mit den Walnüssen über die Suppe streuen.

Eiergerichte
Awgá

Omelett mit Frühlingszwiebeln
Omelétta me kremmidófilla

für 1 Person

2 Eier
Zucker
1 EL Kondensmilch
1 TL Sesamöl
1 EL Pflanzenöl
2 EL feingehackte Frühlingszwiebeln
1 TL Essig
Salz

◆ *Die Eier mit einer Prise Zucker und der Kondensmilch verquirlen.*
Das Sesamöl mit dem Pflanzenöl erhitzen, bis es raucht. Etwas Salz hineinstreuen und das Zwiebelgrün anbraten. Wenn es bräunlich wird, mit dem Essig ablöschen. Die Eiermischung in die Pfanne gießen. Das Zwiebelgrün sollte dabei gleichmäßig verteilt bleiben. Die Hitze verringern und die Pfanne kurz zudecken. Sobald das Ei genügend gestockt ist, das Omelett an zwei Seiten parallel umschlagen. Danach braucht es nur noch wenige Sekunden in der Pfanne.

Petersilien-Omelett
Omelétta me maïtanó

für 1 Person

2 Eier
1 EL Kondensmilch
1 EL feingehackte Zwiebel
1 EL grobgehackte frische Petersilie
1 TL Zitronensaft
Pflanzenöl
gemahlener schwarzer Pfeffer
Salz

◆ *Die Eier mit der Kondensmilch, Pfeffer und Salz verquirlen. Etwas Öl erhitzen, die Zwiebeln darin leicht anbraten. Die Petersilie und den Zitronensaft hinzufügen und die Flüssigkeit verdampfen lassen. Die Eiermischung in die Pfanne gießen. Die Hitze verringern, die Pfanne mit einem Deckel schließen. Sobald das Ei genügend gestockt ist, das Omelett an zwei Seiten parallel umschlagen. Danach braucht es nur noch wenige Sekunden in der Pfanne.*

Käse-Omelett
Omelétta me challúmi

für 1 Person

2 Eier
*2 EL geriebener Challúmi**
1 EL Kondensmilch
Pflanzenöl
Salz

◆ *Die Eier mit dem Challúmi und der Kondensmilch verschlagen. Etwas Öl erhitzen, bis es raucht, etwas Salz hineinstreuen und die Eiermischung dazugießen. Die Hitze verringern. Sobald das Ei genügend gestockt ist, das Omelett an zwei Seiten parallel umschlagen. Danach braucht es nur noch wenige Sekunden in der Pfanne.*

Omelett mit Hühnerleber
Omelétta me sikotákia pulión

für 1 Person

50 g Hühnerleber
2 EL gehackte Zwiebel
*1 EL Commandaría**
1 TL Zitronensaft
2 Eier
3 EL Kondensmilch
Pflanzenöl
gemahlener schwarzer Pfeffer
Salz

◆ *Die Hühnerleber in kleine Stücke schneiden. 2 EL Öl erhitzen. Die Zwiebel darin braten, bis sie glasig ist. Die Hühnerleber hinzufügen und garen. Den Commandaría mit dem Zitronensaft, Pfeffer und Salz vermischen und damit die Leber ablöschen. Vom Herd nehmen, wenn der Alkohol verdunstet ist.*
Die Eier mit der Kondensmilch verschlagen. Etwas Öl in eine Pfanne geben und auf mittlere Hitze bringen. Die Eiermischung hinzufügen, die Hitze verringern und die Pfanne mit einem Deckel schließen. Wenn das Ei beinahe gestockt ist, die Hühnerleber auf dem Omelett verteilen und es zur Hälfte umschlagen.

Rührei mit Zucchini
Kolokithákia me awgá

für 1 Person

2 Eier
Zucker
1 EL Kondensmilch
1 TL Sesamöl
1 EL Pflanzenöl
1 Zucchino (etwa 75 g)
1 knapper EL Essig
gemahlener schwarzer Pfeffer
Salz

◆ *Die Eier mit einer Prise Zucker und der Kondensmilch verquirlen. Das Sesamöl mit dem Pflanzenöl erhitzen. Den Zucchino vierteln und in Scheibchen schneiden. Etwas Salz in das rauchende Öl streuen und die Scheibchen darin anbraten. Wenn sie auf beiden Seiten goldbraun sind, mit dem Essig ablöschen. Die Eiermischung in die Pfanne gießen und bei verringerter Hitze gelegentlich wenden.*
Vor dem Servieren mit schwarzem Pfeffer würzen.

Rührei mit Spinat
Spanáchi me awgá

für 1 Person

2 Eier
1 EL Kondensmilch
Zimt
Zucker
75 g geputzter frischer Spinat
1 EL Sesamöl
3 EL Pflanzenöl
1 EL gehackte Zwiebel
1 gehackte Knoblauchzehe
*1 EL geriebener alter Challúmi**
gemahlener schwarzer Pfeffer
Salz

◆ *Die Eier mit der Kondensmilch, einer Prise Zimt, einer Prise Zucker und etwas Pfeffer verschlagen. Die Spinatblätter in kleine Stücke schneiden. Das Sesamöl mit dem Pflanzenöl erhitzen, bis es raucht. Etwas Salz in das Öl streuen. Die Zwiebel und den Knoblauch in die Pfanne geben und braten, bis sie glasig werden. Den Spinat beifügen und braten, bis die Flüssigkeit ganz verdampft ist. Die Eiermischung darübergießen und bei verringerter Hitze mehrfach wenden, bis das Ei gestockt ist.*
Zum Servieren den geriebenen Challúmi über das Rührei streuen.

Varianten
> *Statt mit Spinat mit Mangold zubereiten.*
> *Den Challúmi durch Parmesan ersetzen.*

Rührei mit Champignons
Manitária me awgá

für 1 Person

3 mittelgroße, feste Champignons (etwa 40 g)
1 EL Zitronensaft
*gemahlene Koriandersamen**
2 Eier
1 EL Kondensmilch
gemahlene Muskatblüte
Zucker
1 EL Sesamöl
1 EL Pflanzenöl
Salz

◆ *Die Champignons halbieren, mit dem Zitronensaft beträufeln und mit einer Prise Koriander bestreuen.*
Die Eier mit der Kondensmilch, einer Prise Muskatblüte und einer Prise Zucker verschlagen.
Das Sesamöl mit dem Pflanzenöl erhitzen, bis es raucht. Etwas Salz hinzufügen. Die Champignons mit dem Zitronensaft in die Pfanne geben und dünsten, bis alle Flüssigkeit verdampft ist. Die Pilze etwas anbraten. Die Eiermischung darübergießen und bei verringerter Hitze mehrfach wenden, bis das Ei stockt.

Rührei mit Tomaten
Tomátes me awgá

für 1 Person

2 Eier
Zucker
2 EL Pflanzenöl
125 g Tomatenfleisch
Salz

◆ *Die Eier mit einer Prise Zucker verschlagen. Das Öl erhitzen, bis es raucht. Etwas Salz hineinstreuen, das gewürfelte und entkernte Tomatenfleisch hinzugeben und bei starker Hitze Wasser verdampfen lassen. Die Eier hinzufügen und mehrfach wenden, bis sie stocken.*

Variante
Über die Tomaten eine Prise Zimt geben.

Bemerkung
Bei den süßen Tomaten aus dem Mittelmeerraum kann auf den Zucker verzichtet werden.

Rührei mit Kartoffeln
Patátes me awgá

für 1 Person

2 Eier
1 EL Kondensmilch
1 mittelgroße Kartoffel
1 kleine Zwiebel
1 Tasse Pflanzenöl
1 EL Zitronensaft
4 entkernte schwarze Oliven
zerstoßene Rosmarinnadeln
gemahlener schwarzer Pfeffer
Salz

◆ *Die Eier mit der Kondensmilch, Pfeffer und Salz verschlagen. Die Kartoffel schälen und in lange, dünne Stäbchen schneiden. Die Zwiebel in Achtel zerteilen.*
Das Öl erhitzen. Die Kartoffelstäbchen und die Zwiebelschnitze darin fritieren, bis sie gar und goldbraun sind. Das Öl bis auf einen kleinen Rest abgießen. Mit dem Zitronensaft ablöschen. Die Oliven halbieren und zusammen mit einer Prise Rosmarin beifügen. Alles gut vermischen. Die Eiermischung dazugießen und bei verringerter Hitze mehrfach wenden, bis das Ei stockt.

Rührei mit Schnecken
Karaóli me awgá

für 1 Person

2 Eier
1 EL Kondensmilch
2 EL gehackte frische Petersilie
6 gekochte Weinbergschnecken
Weizenmehl
1/2 EL Butter
2 EL gehackte Zwiebeln
2 große, gehackte Knoblauchzehen
1 EL Zitronensaft
gemahlener schwarzer Pfeffer
Salz

◆ *Die Eier mit der Kondensmilch, der Petersilie, Pfeffer und Salz verschlagen. Die Schnecken in Mehl wenden und in heißer Butter kurz anbraten. Die Zwiebeln und den Knoblauch hinzufügen und alles kurz anbräunen. Mit dem Zitronensaft beträufeln. Die Eiermischung darübergießen und bei verringerter Hitze mehrfach wenden, bis das Ei stockt.*

Bemerkung
Die Zubereitung frischer Schnecken wird im Rezept »Champignons mit Schnecken in Tomatensauce« beschrieben.

Rührei mit Spargel
Agrélia me awgá

für 1 Person

3 Stangen grüner Spargel
4 EL Walnußöl
1 gehackte Schalotte
2 Eier
1 EL Kondensmilch
Zucker
geriebene Muskatnuß
gemahlener weißer Pfeffer
Salz

◆ *Den holzigen Teil des Spargels entfernen. Die Stangen in 1 cm lange Stücke schneiden.*
Das Öl erhitzen, den Spargel mit der Schalotte darin anbraten.
Die Eier mit der Kondensmilch, einer Prise Zukker, einer Prise Muskat, Pfeffer und Salz verschlagen. Sobald die Schalotte goldbraun wird, die Eiermischung darübergeben und bei verringerter Hitze mehrfach wenden, bis das Ei stockt.

Bemerkung
Auf Zypern wird nur grüner Spargel verwandt, dessen Stiele zwei Fingerbreit unter der Spitze abgeschnitten werden. Man kann ihn selbstverständlich durch weißen Spargel ersetzen.

Rührei mit Artischocken
Anginâres me awgá

für 1 Person

2 Artischockenböden
1 EL Zitronensaft
2 Eier
1 EL Kondensmilch
Zucker
1 TL Sesamöl
1 EL Pflanzenöl
Salz

◆ *Die Artischockenböden in kleine Würfel schneiden und mit Zitronensaft beträufeln. Die Eier mit der Kondensmilch und einer Prise Zucker verschlagen. Das Sesamöl mit dem Pflanzenöl erhitzen. Etwas Salz hineinstreuen. Die Artischocken anbraten. Die Eiermischung darübergießen und bei verringerter Hitze mehrfach wenden, bis das Ei stockt.*

Variante
Die Artischockenböden durch in Scheiben geschnittene Artischockenstiele ersetzen.

Bemerkung
Die Zubereitung frischer Artischockenböden wird im Rezept »Korianderartischocken in Wein« beschrieben.

Rührei mit zyprischer Wurst
Lukánika me awgá

für 1 Person

2 Eier
1 EL Kondensmilch
1 EL Pflanzenöl
1 Lukániko (etwa 125 g)*

◆ *Die Eier mit der Kondensmilch verschlagen. Das Öl erhitzen. Die Wurst in Scheibchen schneiden, in das Öl geben und anbraten. Die Eiermischung darübergießen und bei verringerter Hitze mehrfach wenden, bis das Ei stockt.*

Variante
Statt der Lukánika können geräucherte Mettwurstenden benutzt werden, die, in Scheiben geschnitten, zwei Tage in Rotwein und gemahlenen Koriandersamen eingelegt werden.*

Beilage
*eine gebratene Scheibe frischer Challúmi**

Gefüllte Pfannkuchen mit Tomatensauce
Kanelónia jemistá me sáltsa tomátas

für 8 Stück

3 Eier
1/4 l Milch
200 g Weizenmehl
1 EL Paniermehl
*100 g geriebener Kefalotíri**
Pflanzenöl
Salz

für die Sauce:
400 g geschälte Tomaten
2 EL Olivenöl
1 gehackte Zwiebel
1 Lorbeerblatt
1 Stange Zimt
1 TL Zucker
1 EL Tomatenmark
gemahlener schwarzer Pfeffer

für die Füllung:
1 gehackte Zwiebel
400 g Tatar
1 EL gehackte frische Petersilie
1/2 TL Zimt
1 Tasse Käse-Béchamelsauce

◆ *Für die Sauce die Tomaten in Würfel schneiden. Das Öl erhitzen. Die Zwiebel anbraten, bis sie glasig ist. Die Tomaten dazugeben. Mit dem Lorbeerblatt, dem Zimt, dem Zucker, Pfeffer und Salz würzen. Das Tomatenmark hinzufügen und bei schwacher Hitze köcheln lassen.*
Für die Pfannkuchen die Eier mit der Milch und Salz verquirlen und das Mehl nach und nach unterrühren. Den Teig kühlstellen.
Für die Füllung etwas Öl erhitzen. Die Zwiebel hineingeben und anbraten, bis sie goldbraun ist. Das Fleisch hinzufügen und braten, bis es gar ist, dabei mehrmals wenden. Den Topf vom Herd nehmen und das Fleisch mit der Petersilie, dem Zimt, Pfeffer und Salz würzen. Die Käse-Béchamelsauce unterziehen.
Eine feuerfeste Form, in der acht zusammengerollte Pfannkuchen Platz finden, einfetten und mit Paniermehl ausstreuen. Den Backofen auf etwa 200° vorheizen.
Für die Pfannkuchen etwas Öl erhitzen. Nacheinander acht Pfannkuchen backen, mit dem Fleisch füllen, zusammenrollen und in die Form legen. Aus der Tomatensauce das Lorbeerblatt und die Zimtstange entfernen, die Sauce über die Kanelónia gießen und mit dem Kefalotíri bestreuen. Etwa 20 Minuten im Ofen überbacken.

Variante
Den Kefalotíri durch Emmentaler Käse ersetzen.

Bemerkung
Die Zubereitung einer Käse-Béchamelsauce wird im Rezept »Kartoffeln mit Hackfleischfüllung« beschrieben.

Pfannkuchen mit Champignons
Kanelónia jemistá me manitária

für 8 Stück

3 Eier
1/4 l Milch
200 g Weizenmehl
*4 EL geriebener Kefalotíri**
Pflanzenöl
Salz

für die Füllung:
500 g Champignons
2 EL Zitronensaft
200 g geschälte Tomaten
2 TL Olivenöl
1/3 TL Zimt
1/2 EL Zucker
1 gehackte Zwiebel
2 gehackte Knoblauchzehen
*1 TL gemahlene Koriandersamen**
2 TL Paniermehl
8 entkernte schwarze Oliven
100 g zerbröckelter Féta
1 EL gehacktes frisches Basilikum
gemahlener schwarzer Pfeffer

◆ *Für die Pfannkuchen die Eier mit der Milch und Salz verquirlen und das Mehl nach und nach unterrühren. Den Teig 30 Minuten kühlstellen. Für die Füllung die Champignons halbieren, mit dem Zitronensaft beträufeln und zur Seite stellen. Die Tomaten kleinschneiden.*
Das Olivenöl erhitzen, die Tomaten hinzufügen und mit dem Zimt, dem Zucker, Pfeffer und Salz würzen. Etwa 20 Minuten köcheln lassen, damit sich die Flüssigkeit reduziert.
Inzwischen 1 EL Öl erhitzen. Die Zwiebel und den Knoblauch anbraten, bis sie glasig sind. Die Champignons hinzufügen und garen. Mit dem Koriander würzen, das Paniermehl darüberstreuen und die halbierten Oliven, den Féta und das Basilikum untermischen. Zum Schluß die Tomatensauce unterrühren.
Für die Pfannkuchen etwas Öl erhitzen. Nacheinander acht Pfannkuchen backen, mit den Champignons füllen, zusammenrollen und warmstellen, bis der letzte Pfannkuchen fertig ist.
Zum Servieren mit dem Käse bestreuen.

Variante
Statt des Kefalotíri Emmentaler Käse nehmen.

Pfannkuchen mit Spinatfüllung

Kanelónia jemistá me spanáchi

für 8 Stück

3 Eier
1/4 l Milch
Zucker
geriebene Muskatnuß
200 g Weizenmehl
*75 g geriebener Challúmi**
Pflanzenöl
gemahlener weißer Pfeffer
Salz

für die Füllung:
1 gehackte Zwiebel
2 gehackte Knoblauchzehen
*1 EL gehackter Chiroméri**
1 kg geputzter frischer Spinat
Zucker
1/3 TL Zimt
75 g Féta
40 g Pinienkerne

◆ *Für die Pfannkuchen die Eier mit der Milch, einer Prise Zucker, einer Prise Muskat, Pfeffer und Salz verquirlen und das Mehl nach und nach unterrühren. Den Teig 30 Minuten kühlstellen.*
Für die Füllung etwas Öl erhitzen. Die Zwiebel, den Knoblauch und den Chiroméri darin anbraten. Sobald die Zwiebel braun wird, den Spinat hinzufügen. Immer wieder wenden, bis alle Flüssigkeit verdampft ist. Vom Feuer nehmen und mit einer Prise Zucker, dem Zimt, Pfeffer und Salz abschmecken.
Für die Pfannkuchen etwas Öl erhitzen. Acht Pfannkuchen backen, mit dem Spinat füllen, etwas Féta und ein paar Pinienkerne darüberstreuen, zusammenrollen und warmstellen, bis der letzte Pfannkuchen fertig ist.
Zum Servieren mit dem Käse bestreuen.

Varianten
> Über die Kanelónia eine Käse-Béchamelsauce geben und im Ofen überbacken. Dann jedoch den Féta und die Pinienkerne weglassen.
> Den Challúmi durch Emmentaler Käse ersetzen.

Fischgerichte
Psariká

Schwertfisch am Spieß »Latsí«

Xifías suwlákia »Latsí«

für 4 Personen

1 Stunde marinieren

800 g Schwertfisch
8 EL Zitronensaft
2 Fleischtomaten
2 grüne Paprikaschoten
1 große Gemüsezwiebel
6 EL Olivenöl
4 EL feingehackte frische Petersilie
gemahlener schwarzer Pfeffer
Salz

◆ *Den Schwertfisch in 3 cm große Würfel schneiden und in Salz, Pfeffer und 3 EL Zitronensaft etwa eine Stunde marinieren.*
Die Tomaten, die Paprikaschoten und die Zwiebel in mundgerechte Stücke schneiden und abwechselnd mit den Fischwürfeln auf Spießchen stecken. Den restlichen Zitronensaft mit dem Olivenöl verquirlen. Mit dieser Mischung die Spießchen einpinseln und bei mittlerer Hitze auf Holzkohlenglut grillen. Beim Wenden mit der Zitrone-Öl-Mischung einpinseln.
Vor dem Servieren mit der Petersilie bestreuen.

Variante
Den Schwertfisch durch Thunfisch ersetzen.

Schwertfisch im Teigmantel

Xifías se chiló

für 3-4 Personen

400 g Schwertfisch
75 g Weizenmehl
25 g Stärkemehl
5 EL Zitronensaft
2 Eiweiß
2 Zitronen
Pflanzenöl
gemahlener weißer Pfeffer
Salz

◆ *Das Mehl, das Stärkemehl, den Zitronensaft, Pfeffer und Salz mit 4 EL Wasser verquirlen. Den Ausbackteig 15 Minuten stehenlassen. Danach das Eiweiß steif schlagen und unter den Teig heben.*
Den Fisch in 2 cm große Würfel schneiden. Mit Küchenkrepp sorgfältig abtrocknen. Die Würfel im Teig wenden. Die Fischhappen einzeln in heißem Öl fritieren. Herausnehmen und abtropfen lassen.
Mit Zitronenvierteln servieren.

Variante
Den Schwertfisch durch Thunfisch ersetzen.

Brothändler in Limassol

Salzgebäck

Hacksteak im Schweinenetz *(Sieftaliá)* und Bauernbrot *(Daktiliá)*

◆ *Für die Sauce zwei Drittel des Joghurts zusammen mit den anderen Saucenzutaten pürieren. Den restlichen Joghurt zur Regulierung der Konsistenz benutzen. Die Sauce mehrere Stunden kühlstellen.*
Den Fisch in einer Mischung aus dem Orangen- und dem Zitronensaft eine Stunde marinieren. Das Mehl mit Pfeffer und Salz vermischen und die Fischsteaks darin wenden. Das Öl erhitzen und den Fisch darin braten. Zusammen mit der Sauce servieren.

Varianten
> *Den Schwertfisch durch Thunfisch oder Lachs ersetzen.*
> *Statt des Challúmi Mozzarella verwenden.*

Schwertfisch in Orangen-Käse-Sauce
Xifías me sáltsa kriá

für 4 Personen

mehrere Stunden vorher beginnen

4 Schwertfischsteaks
2 EL frischer Orangensaft
2 EL Zitronensaft
Weizenmehl
Pflanzenöl
gemahlener schwarzer Pfeffer
Salz

für die Sauce:
150 g Sahnejoghurt
(10 % Fett)
1 gehackte Knoblauchzehe
1 kleine, gehackte Zwiebel
1 EL gehackte frische
*Korianderblätter**
5 EL Mayonnaise
5 EL frischer Orangensaft
40 g geriebener Féta
*40 g geriebener Challúmi**

Thunfisch im Backofen
Tónnos sto fúrno

für 4 Personen

2 Stunden marinieren

800 g Thunfisch
3 EL Zitronensaft
250 g Zwiebelringe
*1 EL geschrotete Koriandersamen**
5 EL trockener Rotwein
12 schwarze Oliven
Pflanzenöl
gemahlener schwarzer Pfeffer
Salz

für die Sauce:
1 mittelgroße Zwiebel
2 gehackte Knoblauchzehen
1 1/2 TL Tomatenmark
150 g geschälte, pürierte Tomaten
*1 1/2 Stangen Sellerie**
100 g gewürfelte Möhren
2 EL gehackte frische Petersilie
*3 EL Commandaría**
1 Lorbeerblatt
1/4 TL gemahlener Zimt

◆ *Den Fisch mit Salz, Pfeffer und Zitronensaft zwei Stunden marinieren.*
Für die Sauce die Zwiebel und den Knoblauch in etwas Öl anbraten. Das Tomatenmark kurz mitbraten. Mit den Tomaten ablöschen. Den Sellerie hacken, mit den restlichen Saucenzutaten der Sauce beifügen und bei schwacher Hitze etwas einkochen lassen. Gelegentlich umrühren.
Den Fisch in eine Backform mit Deckel legen. Die Zwiebelringe in etwas Öl anbraten. Sobald sie braun werden, mit dem Koriander bestreuen. Mit dem Wein ablöschen. Nach dem Verdunsten der Flüssigkeit die Zwiebelringe auf dem Fisch verteilen und die Oliven darauflegen.
Die eingekochte Sauce auf dem Fisch verteilen. Die Form schließen und alles im auf 180° vorgeheizten Backofen etwa 50 Minuten garen. Den Deckel abnehmen und den Fisch weitere 10 Minuten offen backen.

Gebratene Barben
Barbúnia tiganitá

für 4 Personen

1 Stunde marinieren

4 große, küchenfertige Meerbarben
4 EL Zitronensaft
4 Scheiben durchwachsener Räucherspeck
4 Zitronenscheiben (ungespritzt oder ohne Schale)
4 kleine Rosmarinzweige
Weizenmehl
Pflanzenöl
gemahlener schwarzer Pfeffer
Salz

◆ *Die Barben mit Pfeffer und Salz bestreuen, mit dem Zitronensaft beträufeln und eine Stunde marinieren.*
Die Fische vom Rücken her parallel zu den Gräten mit einem scharfen Messer so einschneiden, daß ein tiefer Schlitz für die Füllung entsteht.
Den Räucherspeck anbraten. Jeden Fisch mit einer Scheibe Räucherspeck, einer Zitronenscheibe und einem Rosmarinzweig füllen. Den Fisch in Mehl wenden und braten.

Varianten
> Den gefüllten Fisch mit Öl einpinseln und grillen.
> Nach dem gleichen Rezept werden auch Forellen zubereitet.

Gebackene Barben
Barbúnia sto fúrno

für 4 Personen

4 große, küchenfertige Meerbarben
4 EL Zitronensaft
1 Zwiebel
7 EL Pflanzenöl
6 EL gehackte frische Petersilie
6 gehackte Knoblauchzehen
3 EL Paniermehl
8 Tomatenscheiben
1/2 TL Basilikum
gemahlener schwarzer Pfeffer
Salz

◆ *Die Barben salzen, mit dem Zitronensaft beträufeln und zur Seite stellen.*
Die Zwiebel in Ringe schneiden und in kaltes Wasser legen.
Die Hälfte des Öls mit der Petersilie, dem Knoblauch und dem Paniermehl vermischen und auf dem Boden einer feuerfesten Form ausbreiten. Darauf die Fische setzen und mit dem Rest des Öls einpinseln. Auf jeden Fisch zwei Tomatenscheiben legen und mit Salz, Pfeffer und dem Basilikum bestreuen. Die Form zugedeckt in den auf 200° vorgeheizten Backofen stellen und den Fisch 45 Minuten garen.
Die Form aufdecken und weitere 10 Minuten überbacken.
Die Zwiebelringe aus dem Wasser nehmen, abtropfen lassen und vor dem Servieren über den gebackenen Fisch geben.

Variante
Die Barben können nach Belieben durch andere Fischsorten, insbesondere Forellen, ersetzt werden.

Fisch im Backofen
Psári tu fúrnu

für 4 Personen

1 Stunde marinieren

4 Fischfilets
(jedes etwa 200 g)
4 EL Zitronensaft
1 Ei
1 EL Milch
2 EL Weizenmehl
Pflanzenöl
gemahlener schwarzer Pfeffer
Salz

für die Sauce:
1 mittelgroße, gehackte Zwiebel
3 gehackte Knoblauchzehen
1 EL Tomatenmark
300 g geschälte, pürierte Tomaten
*1 Stange Sellerie**
*3 EL kleingehacktes Selleriegrün**
3 EL gehackte frische Petersilie
1/3 TL gemahlener Zimt
*Commandaría**

◆ *Die Fischfilets in dem Zitronensaft, Pfeffer und Salz eine Stunde marinieren.*
Das Ei, die Milch und das Mehl miteinander verquirlen.
Für die Sauce die Zwiebel und den Knoblauch in etwas Öl anbraten. Das Tomatenmark kurz mitbraten. Mit den Tomaten ablöschen. Den Sellerie hacken und mit den anderen Zutaten der Sauce beifügen, nach Geschmack Commandaría hinzugeben. Bei schwacher Hitze etwas einkochen lassen, gelegentlich umrühren.
Den Fisch gut abtropfen lassen und auf einer Seite in das Ei-Mehl-Gemisch legen. Auf dieser Seite dann in etwas Öl goldbraun braten. Die einseitig gebratenen Filets mit der rohen Seite nach oben in eine feuerfeste Form legen. Die Sauce über die Fischfilets verteilen und den Fisch im auf 180° vorgeheizten Backofen etwa 35 Minuten garen.

Fisch in Folie
Psári se asimócharto

für 4 Personen

4 Fischfilets (je etwa 200 g)
4 EL Zitronensaft
4 EL Pflanzenöl
8 große Scheiben
Frühstücksspeck
*4 EL gewürfelter Challúmi**
4 TL Kapern
gemahlener schwarzer Pfeffer
Salz

◆ *Die Fischfilets salzen, pfeffern, mit dem Zitronensaft beträufeln und zur Seite stellen.*
Vier große Stücke Aluminiumfolie mit dem Öl einpinseln und je eine Scheibe Frühstücksspeck in die Mitte legen. Darauf je ein mariniertes Fischfilet geben. Den Challúmi mit den Kapern vermischen und über den Fischfilets verteilen. Jeweils eine zweite Scheibe Frühstücksspeck darüberlegen. Anschließend die Folien so verschließen, daß kein Fischsaft austreten kann, über der oberen Speckscheibe jedoch etwas Luft bleibt. Die Folienpäckchen in einem geschlossenen Gefäß in dem auf 200° vorgeheizten Backofen etwa 45 Minuten garen.

Variante
Statt des Challúmi kann milder Féta verwandt werden.

Gebratener Fisch mit Eierzitronensauce
Psári me awgolémono

4 Fischfilets (je etwa 200 g)
4 EL Zitronensaft
Weizenmehl
Pflanzenöl
gemahlener schwarzer Pfeffer
Salz

für die Sauce:
300 ml Hühnerbrühe
1 TL Stärkemehl
1/2 TL Zucker
3 Eigelb
6 EL Zitronensaft
1/8 l Sahne

◆ *Die Fischfilets mit Pfeffer und Salz bestreuen, mit dem Zitronensaft beträufeln und zur Seite stellen.*
Für die Sauce die Hühnerbrühe erhitzen, mit dem Stärkemehl andicken und mit dem Zucker süßen. Die Eigelbe mit dem Zitronensaft verschlagen, löffelweise etwas Brühe zugeben und gut verrühren. Dann die Eigelbmischung unter ständigem Rühren in die restliche Brühe zurückgießen. Warmstellen.
Die Fischfilets in Mehl wenden und in heißem Öl braten, bis sie goldbraun sind.
Vor dem Servieren die Sauce mit der Sahne verfeinern und zum Fisch reichen.

Variante
Die rohen Fischfilets abtropfen lassen und in eine Form geben. Die Sauce darübergießen, einen Deckel auflegen und im Mikrowellenherd garen.

Sepien in Commandaría-Sauce
Supiés me commandaría

500 g küchenfertige Sepien
2 gehackte Zwiebeln
2 gehackte Knoblauchzehen
1 Glas trockener Rotwein
2 EL Zitronensaft
1 Lorbeerblatt
1/4 TL gemahlener Zimt
1/4 TL gemahlene Gewürznelke
1 TL Stärkemehl
1 TL Tomatenmark
*1 Glas Commandaría**
Pflanzenöl
gemahlener schwarzer Pfeffer
Salz

◆ *Die Sepien in einen Topf ohne Wasser geben und bei schwacher Hitze im eigenen Saft dünsten. Nach etwa 8 bis 10 Minuten vom Herd nehmen und zur Seite stellen.*
Die Zwiebeln und den Knoblauch in etwas Öl anbraten. Die Sepien dazugeben und mit dem Wein, dem Zitronensaft und 1 Tasse Wasser ablöschen. Die Gewürze beifügen und zugedeckt bei mittlerer Hitze einige Minuten garen. Das Stärkemehl und das Tomatenmark in dem Commandaría verrühren und die Sauce damit andicken. Noch einmal kurz aufkochen.

Tintenfisch »Afélia«
Kalamária afélia

500 g küchenfertiger Tintenfisch
2 große, grobgehackte Zwiebeln
5 EL lieblicher Weißwein
*2 EL grobgemahlene Koriandersamen**
1 Zitrone
Pflanzenöl
gemahlener schwarzer Pfeffer
Salz

◆ *Die Hauben der Tintenfische quer durchschneiden, so daß schmale Ringe entstehen. Die Zwiebeln in reichlich Öl anbraten, bis sie glasig sind. Mit dem Wein ablöschen. Wenn er verdunstet ist, die Tintenfischringe hinzufügen. Ständig umrühren. Die Feuchtigkeit, die der Tintenfisch abgibt, verdunstet nach wenigen Minuten. Vom Herd nehmen und mit dem Koriander, Pfeffer und Salz würzen. Alles gut durchheben. Mit Zitronenvierteln servieren.*

Bemerkung
Zu lange gebratener Tintenfisch wird zäh.

Geflügel
Pulerikå

Hähnchen im Backofen
Kotópulo rósto

für 4 Personen

1 Hähnchen (etwa 1 kg)
2 EL Pflanzenöl
2-3 EL Zitronensaft
2 Lorbeerblätter
1/2 TL gemahlener Zimt
*1 TL gemahlene Koriandersamen**
1 TL Origano
1 TL Basilikum
3 gehackte Knoblauchzehen
1 gehackte Zwiebel
1 Tasse Hühnerbrühe
1 Glas trockener Weißwein
gemahlener schwarzer Pfeffer
Salz

◆ *Das Öl mit dem Zitronensaft mischen und das Hähnchen außen und innen damit einpinseln. Unter die Haut der beiden Bruststücke jeweils ein Lorbeerblatt schieben. Den Zimt mit dem Koriander, dem Origano, dem Basilikum, Pfeffer und Salz mischen und das Hähnchen außen und innen damit einreiben. Den Knoblauch und die Zwiebel in die Bauchhöhle geben. Das Hähnchen in eine offene Backform legen. Den Boden der Form mit der Brühe und dem Wein bedecken. Den Ofen auf 200° vorheizen und das Hähnchen hineinschieben. Nach 10 Minuten die Temperatur auf 180° reduzieren und weitere 80 Minuten garen. Alle 10 Minuten mit Sauce übergießen und alle 20 Minuten wenden.*

Variante
Geschälte Kartoffeln von Anfang an um das Hähnchen legen und mitgaren. Sie müssen ebenfalls gewendet und übergossen werden. Nach Geschmack mit gemahlener Gewürznelke bestäuben.

◆ *Den Wein mit der Hühnerbrühe und den kleingeschnittenen Tomaten in einen Topf geben. Mit den Lorbeerblättern, der Nelke, dem gemahlenen Kreuzkümmel, dem Zimt, dem Anis, Pfeffer und Salz würzen und aufkochen.*

Unterdessen die Hähnchenstücke in etwas Öl goldbraun braten. Aus der Pfanne nehmen, das Fett abtropfen lassen und das Fleisch in die Sauce geben. Die Zwiebeln und die Knoblauchzehen im verbliebenen Öl anbräunen, dann dem Huhn hinzufügen. Etwa 30 Minuten köcheln lassen.

Inzwischen Möhren, Porree und Sellerie vorbereiten. Vom Porree nur den weißen Teil verwenden. Das Selleriegrün hacken und zur Seite stellen. Die Möhren und den Porree der Länge nach vierteln und in etwa 3 cm lange Stücke schneiden. Den Sellerie in kürzere Abschnitte teilen. Das Gemüse mit dem Kreuzkümmelsamen anbraten.

Zum Schluß das Gemüse dem Huhn beifügen und nochmals 5 Minuten köcheln lassen. Es bleibt nur wenig Sauce.

Vor dem Servieren mit dem gehackten Selleriegrün bestreuen.

Hähnchen »Kapamás«
Kotópulo kapamás

für 4 Personen

etwa 1 kg Hähnchenstücke
200 ml trockener Weißwein
200 ml Hühnerbrühe
5 geschälte Tomaten
2 Lorbeerblätter
1/4 TL gemahlene Gewürznelke
*1/4 TL gemahlener Kreuzkümmel**
1 gestrichener TL gemahlener Zimt
1 gestrichener TL gemahlener Anis
2 große, gehackte Zwiebeln
3 gehackte Knoblauchzehen
3 große Möhren
1 Stange Porree
*3 Stangen Sellerie**
1 TL Kreuzkümmelsamen
*gehacktes Selleriegrün**
Pflanzenöl
gemahlener schwarzer Pfeffer
Salz

Hähnchen mit Quittengelee
Kotópulo me kidónia

für 4 Personen

4 Stunden vorher beginnen

etwa 1 kg Hähnchenstücke
2 EL Rosinen
3 EL Zitronensaft
3 EL Pflanzenöl
3 gehackte Zwiebeln
6 gehackte Knoblauchzehen
100 ml trockener Rotwein
2 Lorbeerblätter
1 TL Thymian
geriebene Orangenschale
geriebene Zitronenschale
1 TL scharfer Senf
2 EL Quittengelee
50 g geschälte, grobgehackte Mandeln
1/2 Bund Petersilie
*Filfár**
1 TL Stärkemehl
1/2 Tasse Kondensmilch
gemahlener schwarzer Pfeffer
Salz

◆ *Die Rosinen in dem Zitronensaft vier Stunden einweichen.*
Die Hähnchenstücke in dem erhitzten Öl goldbraun braten und zur Seite stellen. In dem verbliebenen Öl die Zwiebeln und Knoblauchzehen anbräunen. Überschüssiges Fett abgießen, Zwiebeln und Knoblauch mit dem Rotwein ablöschen. Die Hähnchenstücke wieder beifügen. Mit den Lorbeerblättern, dem Thymian, je einer Prise Orangen- und Zitronenschale und dem Senf würzen, pfeffern und salzen. Das Quittengelee hinzugeben. Den Topf mit einem Deckel schließen und das Hähnchen bei verringerter Hitze etwa 15 bis 20 Minuten garen.
Dann die Mandeln und die gehackte Petersilie dem Fleisch beifügen und mit dem Filfár abschmecken. Das Stärkemehl in der Kondensmilch verrühren. Wenn der Alkohol verdunstet ist, die Kondensmilch zum Hähnchen gießen und unter ständigem Rühren noch einmal kurz aufkochen.

Hähnchen nach Soléa-Art
Kotópulo soliátiko

für 4 Personen

etwa 1 kg Hähnchenstücke
8 Knoblauchzehen
8 kleine Zwiebeln
8 mittelgroße Kartoffeln
500 g geschälte Tomaten
nach Geschmack:
scharfer Paprika
gemahlene Gewürznelke

◆ *Die Hähnchenstücke portionsweise in etwas Öl goldbraun braten und in eine schließbare Backform legen. Den Knoblauch und die Zwiebeln zerteilen, im verbliebenen Öl anbraten und über das Hähnchen geben.*
Die Kartoffeln im Öl goldbraun braten und um das Hähnchen legen. Das Öl bis auf einen kleinen Rest abgießen. Die Tomaten vierteln und anbraten. Mit Paprika, einer Prise Nelke, dem Koriander, dem Origano, dem Zimt und dem Zucker würzen; pfeffern und salzen. Zudecken und die Tomaten etwa 5 Minuten köcheln lassen, bis sie zerfallen. Wenn nötig, noch feste Stücke mit dem Kochlöffel zerdrücken. Die Oliven und,

falls nötig, ein wenig Wasser beifügen, umrühren und über das Hähnchen und die Kartoffeln verteilen. Die Backform mit einem Deckel schließen, in den auf 190° vorgeheizten Backofen stellen und etwa 50 Minuten garen. Die Hähnchenstücke und die Kartoffeln alle 20 Minuten wenden. Wenn alles gar ist, aufdecken und 10 Minuten überbacken, bis die obere Schicht braun geworden ist.

*1 TL grobgemahlene Koriandersamen**
1 TL Origano
1/2 TL gemahlener Zimt
1/2 TL Zucker
8 schwarze Oliven
Pflanzenöl
gemahlener schwarzer Pfeffer
Salz

Hähnchen mit Paprikaschoten

Kotópulo me piperiés

für 4 Personen

1 Hähnchen (etwa 1 kg)
200 ml trockener Weißwein
200 ml Hühnerbrühe
4 mittelgroße, geschälte Tomaten
2 Lorbeerblätter
1 EL Origano
1 EL Basilikum
1/2 TL Zucker
2 große, gehackte Zwiebeln
3 große, gehackte Knoblauchzehen
1 große rote Paprikaschote
1 große grüne Paprikaschote
20 gleich große Champignons
1 1/2 EL Tomatenmark
4 EL süße Sahne
1/2 Tasse gehackte frische Petersilie
Pflanzenöl
gemahlener schwarzer Pfeffer
Salz

◆ *Den Wein und die Hühnerbrühe in einen Topf geben. Die Tomaten kleinschneiden und hinzufügen. Mit den Lorbeerblättern, dem Origano und dem Basilikum würzen; zuckern, pfeffern und salzen. Aufkochen.*
Das Hähnchen in große Stücke zerteilen (Beine und Flügel abschneiden, die Brust halbieren) und diese in Öl goldbraun braten. Herausnehmen, das Fett abtropfen lassen und das Fleisch in die Tomatensauce geben. Köcheln lassen, bis das Fleisch gar ist.
In dem verbliebenen Öl die Zwiebeln und den Knoblauch anbraten, mit dem Schaumlöffel herausnehmen und dem Hähnchen beigeben. Die Paprikaschoten säubern, in bleistiftdicke Streifen schneiden und in dem Öl anbraten.
Nachdem das Fleisch etwa 20 Minuten gekocht hat, die Paprikastreifen und die gewaschenen Champignons dazugeben und etwa 10 Minuten garen. Die Hähnchenstücke mit dem Schaumlöffel in eine flache Schüssel legen, das Gemüse gleichmäßig darum verteilen. Warmstellen.
Die Sauce mit dem Tomatenmark andicken, mit der Sahne abrunden und über das Hähnchen gießen. Mit der Petersilie garnieren.

Hühnerfleisch-Spießchen
Kotópulo suwlákia

für 4 Personen

4 Stunden marinieren

800 g Hühnerbrust ohne Knochen
*2-3 EL Joghurt**
1 Glas trockener Weißwein
2 Knoblauchzehen
Cayennepfeffer
1/2 TL milder Paprika
1 TL gehackte frische Petersilie
1 Zitrone
Salz

◆ *Das Fleisch in etwa 2 cm große Würfel schneiden. Den Joghurt mit dem Wein verrühren, mit dem zerdrückten Knoblauch, einer Prise Cayennepfeffer, dem Paprika und Salz würzen. Das Fleisch hineinlegen und vier Stunden marinieren.*

Die Fleischstücke auf Spießchen stecken und über Holzkohlen grillen.

Mit der Petersilie bestreuen und mit Zitronenvierteln servieren.

Poularde in Eierzitronensauce
Kotópulo me sáltsa awgolémono

für 4 Personen

etwa 1 kg Poulardenstücke
2 EL Margarine
gemahlene Gewürznelke
1 Lorbeerblatt
1/2 TL gemahlener Zimt
10 Champignons
10 Spargelspitzen
8 halbierte Artischockenböden
1 EL Stärkemehl
3 Eigelb
6 EL Zitronensaft
5 EL Sahne
50 g geröstete, geschälte Mandeln
gemahlener schwarzer Pfeffer
Salz

◆ *Die Poulardenstücke kurz in der Margarine anbraten und mit 3/4 l Wasser ablöschen. Mit einer Prise Nelke, dem Lorbeerblatt, dem Zimt, Pfeffer und Salz würzen und köcheln lassen, bis das Fleisch gar ist.*

Inzwischen die Champignons, die Spargelspitzen und die Artischockenböden in wenig Wasser kochen.

Das Fleisch aus der Brühe nehmen und mit dem Gemüse in einer Servierschüssel warmstellen.

Eine 1/2 Tasse der Brühe im Kühlschrank abkühlen. 300 ml der Brühe sieben und wieder erwärmen. Das Stärkemehl in der abgekühlten Brühe lösen und unter ständigem Rühren der Hühnerbrühe hinzufügen. Die Eigelbe mit dem Zitronensaft mischen und löffelweise etwas Brühe zugeben. Nach jedem Löffel umrühren. Die Mischung unter ständigem Rühren in die kochende Hühnersauce zurückgießen. Den Topf sofort vom Herd nehmen und die Sauce mit der Sahne abrunden. Nicht mehr kochen. Die Sauce über das warmgestellte Huhn und das Gemüse geben und mit den gerösteten Mandeln bestreuen.

Hähnchen mit Zitrone
Kotópulo lemonáto

für 4 Personen

1 Stunde marinieren

1 Hähnchen
2 EL Pflanzenöl
4 EL Zitronensaft
1 Zitrone
gemahlener schwarzer Pfeffer
Salz

◆ *Das Hähnchen der Länge nach halbieren. Das Öl mit dem Zitronensaft vermischen und damit das Hähnchen einpinseln. Eine Stunde einziehen lassen.*
Über eine ofenfeste Form einen Grillrost legen. 1 Tasse Wasser in die Form gießen. Das Hähnchen aus der Marinade nehmen und noch einmal einpinseln. Die Marinade zur Seite stellen. Die Hähnchenhälften mit der Hautseite nach unten auf den Rost legen, die Innenseiten pfeffern und salzen. In den auf 200° vorgeheizten Backofen stellen. Nach 30 Minuten die Temperatur auf 175° reduzieren und die Hähnchenstücke wenden. Die Marinade über das Hähnchen gießen und salzen. Weitere 30 Minuten braten, bis das Hähnchen gar ist.
Die Zitrone in Scheiben schneiden und das Hähnchen damit garnieren.

Hähnchen »Kokkinistó«
Kotópulo kokkinistó

für 4 Personen

1 Hähnchen
3 EL Pflanzenöl
2 große, gehackte Zwiebeln
3 gehackte Knoblauchzehen
500 g geschälte, pürierte Tomaten
1 Lorbeerblatt
1 TL gemahlener Zimt
2 TL Tomatenmark
3 EL trockener Weißwein
*3 EL Commandaría**
gemahlener schwarzer Pfeffer
Salz

◆ *Das Hähnchen in Stücke zerteilen und im heißen Öl goldbraun braten. Herausnehmen und die Zwiebeln und den Knoblauch in dem Öl anbräunen. Mit den Tomaten ablöschen. Die Hähnchenstücke in die Sauce geben und mit dem Lorbeerblatt, dem Zimt, Pfeffer und Salz würzen. Bei mittlerer Hitze garen.*
Das Tomatenmark mit dem Wein und dem Commandaría verrühren und dem Fleisch hinzufügen. Wenn der Alkohol verdunstet ist, das Lorbeerblatt entfernen und das Hähnchen servieren.

Hähnchen mit Erbsen und Artischocken
Kotópulo me bisélia kä angináres

für 4 Personen

1 Hähnchen
8 frische Artischocken
1 Zitrone
300 g geschälte frische Erbsen
2 große, gehackte Zwiebeln
3 gehackte Knoblauchzehen
*1 TL grobgemahlene Koriandersamen**
*1/2 TL gemahlener Kreuzkümmel**
500 g geschälte, pürierte Tomaten
1 Lorbeerblatt
1/2 TL gemahlener Zimt
1 EL Tomatenmark
3 EL trockener Weißwein
*3 EL Commandaría**
Pflanzenöl
gemahlener schwarzer Pfeffer
Salz

◆ *Die Artischockenblätter und den dornigen Flaum vom Boden lösen und die Stiele von den holzigen Teilen befreien. Die Böden sorgfältig mit Zitrone abreiben.*

Zunächst die Hähnchenstücke, dann die Artischockenböden in einer Pfanne goldbraun anbraten. Zusammen in einen Topf geben. Die Erbsen kurz in der Pfanne schwenken und zum Fleisch hinzufügen. Schließlich die Zwiebeln und den Knoblauch anbräunen. Den Koriander und den Kreuzkümmel kurz mitbraten und mit den Tomaten ablöschen. Die Sauce mit dem Lorbeerblatt, dem Zimt, Pfeffer und Salz würzen und über das Fleisch gießen. Bei mäßiger Hitze etwa 25 Minuten köcheln lassen, bis das Gericht gar ist.

Das Tomatenmark mit dem Wein und dem Commandaría verrühren und zum Schluß dem Fleisch hinzufügen. Wenn der Alkohol verdunstet ist, das Lorbeerblatt entfernen und das Hähnchen servieren.

Varianten

Auf Zypern wird dieses Gericht in vielen Varianten, das heißt mit vielen verschiedenen Gemüsesorten, zubereitet.

Huhn auf koptische Art
Kotópulo äjiptiakó

für 4 Personen

etwa 1 kg Poulardenstücke
*1 TL gemahlene Koriandersamen**
*$^1/_3$ TL gemahlener Kreuzkümmel**
$^1/_4$ l klare Fleischbrühe
2 EL Zitronensaft
gemahlene Gewürznelke
gemahlener Zimt
2 mittelgroße, gehackte Zwiebeln
$1^1/_2$ TL Stärkemehl
1 Tasse Vollmilch
20 getrocknete Datteln
*1 grüne Kardamomkapsel**
5 EL grobgehackte Walnüsse
Pflanzenöl
gemahlener schwarzer Pfeffer
gemahlener weißer Pfeffer
Salz

◆ *Die Poulardenstücke rundum in etwas Öl goldbraun braten, mit dem Koriander und dem Kreuzkümmel bestreuen und kurz weiterbraten. Die Fleischbrühe und den Zitronensaft vermischen und über das Huhn gießen. Mit einer Prise Nelke, einer Prise Zimt, etwas schwarzem und weißen Pfeffer würzen; salzen. Zudecken und das Fleisch bei mäßiger Hitze garen.*
Etwas Öl erhitzen und die Zwiebeln darin goldbraun braten. Das Öl abgießen und die Zwiebeln zum Huhn geben.
Das Stärkemehl in der Milch lösen und die Fleischsauce damit binden. Die Datteln entkernen. Die Kardamomkapsel öffnen und die Samen in einem Mörser zerstoßen. Die Walnüsse, Datteln und Kardamomsamen hinzufügen. Nicht mehr aufkochen, denn die Datteln zerfallen leicht und der Kardamom verliert sonst sein Aroma.

Putenbrust »Andinachtó«
Stíthos galopúlu andinachtó

für 3-4 Personen

500 g Putenbrust
6 EL trockener Weißwein
6 EL Weinbrand
gemahlene Gewürznelke
1 TL gemahlener Anis
*6 EL Commandaría**
Pflanzenöl
gemahlener weißer Pfeffer
Salz

◆ *Die Putenbrust in kleine Würfel schneiden. Etwas Öl in einem breiten Topf erhitzen und etwas Salz beifügen. Die Fleischwürfel goldbraun braten und mit dem Wein ablöschen. Vorsichtig umrühren, bis der Wein verdunstet ist. Sobald das Fleisch wieder anfängt zu braten, mit dem Weinbrand ablöschen. Erneut die Flüssigkeit verdunsten lassen. Dann mit einer Prise Nelke, dem Anis und Pfeffer würzen. Mit dem Commandaría ablöschen und wieder verdunsten lassen. Nun sollte das Fleisch gar sein. Darauf achten, daß das Fleisch zum Schluß nicht anbrennt, da es sonst bitter wird.*

Gefüllter Truthahn

Gálos parajemistós

für 10 Personen

1 küchenfertiger Truthahn (etwa 4 kg)
1 Zitrone
1 Glas trockener Weißwein
3 EL Zitronensaft
1 TL Stärkemehl
*6 EL Commandaría**
3 EL Weinbrand
Pflanzenöl
gemahlener schwarzer Pfeffer
Salz

für die Füllung:
375 g Hackfleisch von Rind und Schwein
1 gehackte Truthahnleber
75 g geschälte Eßkastanien
250 g Nüsse (geschälte Mandeln, Walnüsse, Pistazien, Pinienkerne)
40 g Rosinen
*125 g gehackter Staudensellerie**
2 mittelgroße, gehackte Zwiebeln
1/2 TL gemahlener Zimt
*1 TL gemahlene Koriandersamen**
1/3 TL geriebene Muskatnuß
2 Eiweiß
gemahlener schwarzer Pfeffer
Salz

◆ *Für die Füllung das Hackfleisch mit der Leber vermischen. Die Eßkastanien vierteln, die Mandeln in Stifte schneiden, die Walnüsse grob hacken. Alle Füllungszutaten gut vermengen.*
Die Zitrone vierteln. Den Truthahn trocknen. Innen mit einem der Zitronenviertel einreiben, pfeffern und salzen. Anschließend die Füllung in den Truthahn geben und die Öffnungen zunähen. Nun außen mit den restlichen Zitronenvierteln einreiben, pfeffern, salzen und mit etwas Öl einpinseln.
In einen Bräter 200 ml Wasser, den Wein und den Zitronensaft gießen, so daß der Boden mit Flüssigkeit bedeckt ist. Den Truthahn in den Bräter geben und in den auf 180° vorgeheizten Ofen stellen. Auf jeder Seite etwa 20 Minuten anbräunen. Dann das Gefäß schließen und den Truthahn etwa zweieinhalb Stunden bei 180° braten. Alle 30 Minuten mit Flüssigkeit begießen. Falls nötig, Wasser nachgießen, damit der Bratenfond nicht anbrennt. Dann den Bräter aufdecken und den Truthahn bräunen.
Den Truthahn herausnehmen und warmstellen. Für die Sauce das Stärkemehl mit dem Commandaría verrühren und in den Bratenfond einrühren. Aufkochen und mit Pfeffer und Salz abschmecken.
Den Truthahn heiß servieren und mit dem Weinbrand flambieren.

Fasan aus dem Backofen
Fasianós tu fúrnu

für 4 Personen

1 küchenfertiger Fasan
zerstoßene Rosmarinnadeln
mittelscharfer Senf
10 Scheiben Frühstücksspeck
350 ml guter Rotwein
*3 EL gewürfelter Chiroméri**
10 gehackte schwarze Oliven
8 Schalotten
250 g kleine, feste Champignons
1 TL Stärkemehl
*6 EL Commandaría**
Salz

für die Füllung:
200 g nicht zu mageres Hackfleisch vom Schwein
25 g Pinienkerne oder Pistazien
1 mittelgroße, gehackte Zwiebel
2 EL Kondensmilch
gemahlener schwarzer Pfeffer

◆ *Für die Füllung das Hackfleisch mit den Pinienkernen und der Zwiebel vermischen. 1/2 TL Rosmarinnadeln und die Kondensmilch hinzufügen; pfeffern und salzen.*
Den Fasan innen mit Rosmarin einreiben, mit dem Hackfleisch füllen und zunähen. Von außen dünn mit Senf bestreichen. Mit dem Frühstücksspeck umwickeln und den Speck mit Küchengarn festbinden.
Den Wein in eine Backform geben, so daß der Boden bedeckt ist. Den Fasan mit der Brust nach oben hineinlegen und in den auf 180° vorgeheizten Backofen stellen. Alle 10 Minuten mit Wein begießen. Nach 50 Minuten wenden, die Schinkenwürfel, die Oliven, die Schalotten und die Champignons hinzufügen. Den Fasan nochmals 50 Minuten braten und wieder alle 10 Minuten mit Wein übergießen. Falls nötig, Wein in die Backform nachgießen.
Wenn der Fasan gar ist, mit dem Gemüse aus der Form nehmen und warmstellen. Das Stärkemehl im Commandaría lösen und damit den Bratenfond binden. Mit Salz abschmecken und die Sauce zum Fasan servieren.

Wachteln mit Commandaría
Ortíkia me commandaría

für 4 Personen

8 küchenfertige Wachteln
4 EL Zitronensaft
zerstoßene Rosmarinnadeln
16 Streifen Frühstücksspeck
*4 TL grobgemahlene Koriandersamen**
2 feingehackte Zwiebeln
4 Glas guter Rotwein
*75 g gewürfelte Lúndsa**
8 zerdrückte schwarze Oliven
1 TL Stärkemehl
*3 EL Commandaría**
Pflanzenöl
Salz

◆ *Die Wachteln innen und außen mit einer Mischung aus 2 EL Öl und dem Zitronensaft einpinseln. Innen mit Rosmarin und Salz ausstreuen. Mit jeweils zwei Streifen Frühstücksspeck umwickeln, der mit Küchengarn befestigt wird.*
Etwas Öl erhitzen und die Wachteln darin rundum anbraten. Den Koriander darüberstreuen und kurz mitbraten. Die Zwiebeln hinzufügen und anbraten. Mit dem Wein ablöschen, Lúndsa und Oliven hinzufügen, den Topf mit einem Deckel schließen und alles köcheln lassen. Wenn die Wachteln nach etwa 25 Minuten gar sind, herausnehmen und warmstellen. Das Stärkemehl im Commandaría lösen und in die Sauce einrühren. Kurz aufkochen und zu den Wachteln reichen.

Tauben in Tomatensauce
Peristéria me sáltsa tomátas

für 4 Personen

4 küchenfertige, junge Tauben
Butter
2 große, feingehackte Zwiebeln
400 g geschälte vollreife Tomaten
200 ml trockener Weißwein
1 Lorbeerblatt
1 TL gemahlener Zimt
2 TL Zucker
gemahlener schwarzer Pfeffer
Salz

◆ *Die Tauben in Butter rundum anbraten. Später die Zwiebeln mitbraten. Die Tomaten pürieren; mit dem Wein und 200 ml Wasser zu den Tauben gießen. Mit dem Lorbeerblatt, dem Zimt, dem Zucker, Pfeffer und Salz würzen. Den Topf mit einem Deckel schließen und alles köcheln lassen, bis die Tauben gar sind.*
Wenn die Tauben nicht mehr ganz jung sind, verlängert sich die Kochzeit; falls nötig, Wasser nachgießen.

Variante
Statt der Tauben können Rebhühner oder Schnepfen genommen werden. Auch Wachteln und Spatzen lassen sich so zubereiten.

Bemerkung
Junge Tauben erkennt man am biegsamen Brustbein und dem kurzen, elastischen Schnabel. Junge Rebhühner haben hellgelbe bis hellbraune Füße, einen schwarzen Schnabel und keine Knoten an den Beinen.

Schweinefleisch
Chirinó

Orangenkoteletts mit Käse

Kotoléttes me portokália kä tirí

für 4 Personen

4 zarte Nackenkoteletts
2 große Orangen
1 Knoblauchzehe
Margarine
*4 Scheiben Grawiéra**
Rosenpaprika
geriebene Muskatnuß
Pflanzenöl

◆ *Die Orangen halbieren – sie sollten möglichst reif und süß sein. Von jeder Hälfte eine Scheibe abschneiden, den Rand entfernen und zur Seite legen. Nun die Hälften auspressen, um 4 EL Saft zu gewinnen. Diesen mit dem zerdrückten Knoblauch vermischen.*
Etwas Öl erhitzen, die Koteletts darin gar braten. Dann den Orangensaft mit dem Knoblauch darübergeben und köcheln lassen, bis die Flüssigkeit verdunstet ist. Die Koteletts warmstellen.
In einer unbenutzten Pfanne ein wenig Margarine erhitzen und die Orangenscheiben von beiden Seiten kurz anbraten. Auf jedes Kotelett eine Orangenscheibe geben. Darüber je eine Scheibe Grawiéra legen und mit etwas Rosenpaprika und Muskat bestreuen. Die Koteletts unter den Grill stellen, bis der Käse schmilzt.

Variante
Statt des Grawiéra kann Kaséri, Cheddar oder mittelalter Gouda verwandt werden.*

Koteletts in Commandaría-Sauce

Kotoléttes me commandaría

für 4 Personen

4 Koteletts
4 EL Pflanzenöl
2 gehackte Zwiebeln
4 gehackte Knoblauchzehen
200 g kleine Champignons
3 EL Tomatenmark
6 EL Fleischbrühe
6 EL trockener Rotwein
*6 EL Commandaría**
1/3 TL zerstoßene Rosmarinnadeln
3 EL Kondensmilch
gemahlener schwarzer Pfeffer
Salz

◆ *Das Öl erhitzen und die geklopften Koteletts darin braten. Die Koteletts auf eine Platte legen und warmstellen.*
In dem verbliebenen Öl die Zwiebeln und den Knoblauch anbraten. Die unzerkleinerten Champignons hinzufügen und, sobald sie braun werden, das Tomatenmark beigeben. Umrühren und mit der Fleischbrühe, dem Wein und dem Commandaría ablöschen. Köcheln lassen, bis der Alkohol verdunstet ist. Mit dem Rosmarin, Pfeffer und Salz würzen, mit der Kondensmilch abrunden. Die Sauce über die Koteletts geben und servieren.

Gegrillte Schnitzel
Brisóles scháras

für 4 Personen

1 bis 2 Stunden marinieren

4 Schnitzel
1 kleine Zwiebel
4 EL Pflanzenöl
4 EL Zitronensaft
4 EL Weinbrand
2 TL gehackter frischer Origano
gemahlener schwarzer Pfeffer
Salz

◆ *Die Zwiebel pürieren und mit dem Öl, dem Zitronensaft und dem Weinbrand vermischen. Die geklopften Schnitzel in dieser Marinade wenden und ein bis zwei Stunden ziehen lassen. Die Schnitzel über Holzkohlen grillen, bis sie gar sind. Zum Servieren mit dem Origano, Pfeffer und Salz bestreuen.*

Schweinefleisch in Wein
Chirinó krasáto

für 4 Personen

750 g Schweinefleisch ohne Knochen
2 große, gehackte Zwiebeln
4 gehackte Knoblauchzehen
375 g geschälte, pürierte Tomaten
1/8 l trockener Rotwein
1/8 l Fleischbrühe
1 gestrichener TL Rosmarinnadeln
2 EL Tomatenmark
3 EL Kondensmilch
1 Bund Petersilie
Pflanzenöl
gemahlener schwarzer Pfeffer
Salz

◆ *Das Fleisch würfeln und in Öl braten, bis es goldbraun ist. Aus der Pfanne nehmen und zur Seite stellen. Die Zwiebeln und den Knoblauch in die Pfanne geben und anbraten. Überschüssiges Fett abgießen.*
Das Fleisch, die Tomaten, den Wein und die Fleischbrühe in die Pfanne geben und mit dem Rosmarin, Pfeffer und Salz würzen. Zudecken und köcheln lassen, bis das Fleisch gar ist. Die Sauce mit dem Tomatenmark und der Kondensmilch abschmecken.
Vor dem Servieren die Petersilie hacken und über das Fleisch streuen.

Schweinefilet in Milch
Filéto chirinó me gála

für 4 Personen

2 Schweinefilets
3/4 l Vollmilch
*1 Stange Sellerie**
1 EL Stärkemehl
4 EL Sahne
*1 TL gemahlene Koriandersamen**
gemahlene Muskatblüte
8 gehackte Walnüsse
Pflanzenöl
gemahlener weißer Pfeffer
Salz

◆ *Etwas Öl in einem Topf erhitzen. Die Schweinefilets halbieren und von allen Seiten gut anbraten.*
In einen zweiten Topf die Milch geben, die Filets hineinlegen, erhitzen und etwa 45 Minuten im offenen Topf köcheln lassen. Die Flüssigkeit reduziert sich auf die Hälfte.
Den Sellerie sehr klein schneiden. Die Schweinefilets aus dem Topf nehmen, in Scheiben schneiden und warmstellen.
Das Stärkemehl mit der Sahne verrühren; mit dem Sellerie in die Milch geben. Kurz aufkochen und mit dem Koriander, einer Prise Muskatblüte, Pfeffer und Salz abschmecken.
Vor dem Servieren die Sauce über das Fleisch gießen und mit den Walnüssen garnieren.

Bemerkung
Die Milch sollte ganz frisch sein, da sie sonst leicht gerinnt.

Nierchen in Commandaría
Nefrá se commandaría

für 3-4 Personen

500 g Schweinenieren
5 mittelgroße, gehackte Zwiebeln
*1 TL gemahlene Koriandersamen**
2 EL Zitronensaft
*1 Glas Commandaría**
1/2 TL Stärkemehl
Pflanzenöl
gemahlener schwarzer Pfeffer
Salz

◆ *Die küchenfertigen Nieren in Scheiben schneiden. Etwas Öl erhitzen und die Nierchen mit den Zwiebeln braten, bis kein Blut mehr zu sehen ist. Den Koriander darüberstreuen und kurz mitbraten. Dann mit dem Zitronensaft und dem Commandaría ablöschen. Das Stärkemehl in 1/2 Tasse Wasser lösen und in die Sauce einrühren. Kurz aufkochen. Mit Pfeffer und Salz abschmecken.*

◆ *Für die Sauce die Tomaten pürieren. Zusammen mit der Fleischbrühe, dem Piment, dem Kreuzkümmel, dem Paprika, Pfeffer und Salz aufkochen. Bei schwacher Hitze köcheln lassen. Das Fleisch würfeln und in Öl anbraten. Die Zwiebeln und den Knoblauch hinzufügen und braten, bis alles goldbraun ist. Dann in die Sauce geben und etwa 15 Minuten köcheln lassen. Die Erbsen hinzufügen und weitere 10 Minuten köcheln lassen.*

Möhren, Sellerie und Paprika in dünne Streifen schneiden und mit den unzerkleinerten Champignons zur Sauce in den Topf geben. Das Gericht weitere 10 Minuten bei verringerter Hitze auf dem Herd lassen. Mit dem Tomatenmark, dem Sirup und der Kondensmilch abschmecken. Vor dem Servieren mit der Petersilie bestreuen.

Schweinefleisch mit Gemüse
Chirinó katsarólas me chórta

für 4 Personen

750 g Schweinefleisch ohne Knochen
3 große, gehackte Zwiebeln
4 gehackte Knoblauchzehen
3 EL geschälte frische Erbsen
75 g Möhren
*75 g Staudensellerie**
75 g gelbe Paprikaschote
20 kleine Champignons
1 TL Tomatenmark
*1 EL Karobensirup**
2 TL Kondensmilch
1/2 Bund Petersilie
Pflanzenöl

für die Sauce:
750 g geschälte Tomaten
100 ml Fleischbrühe
1/3 TL gemahlener Piment
*1 TL gemahlener Kreuzkümmel**
1/2 TL milder Paprika
gemahlener schwarzer Pfeffer
Salz

Fleischstücke vom Spieß

Súwla

für 4 Personen

2 Stunden marinieren

900 g Schweinefleisch ohne Knochen
2 saftige Zitronen
3 EL Weinbrand
100 ml Pflanzenöl
8 Scheiben Speck
4 Lorbeerblätter
1 TL zerstoßene Rosmarinnadeln
gehacktes frisches Basilikum
gemahlener schwarzer Pfeffer
Salz

◆ *Das Fleisch in acht gleich große Würfel schneiden. Die Zitronen auspressen und das Fruchtfleisch aus den Zitronen lösen. Die Hälfte des Zitronensafts mit dem Fruchtfleisch, dem Weinbrand und der Hälfte des Öls vermischen. Das Fleisch darin einlegen und etwa zwei Stunden marinieren. Gelegentlich wenden. Den restlichen Zitronensaft mit dem restlichen Öl vermischen und zur Seite stellen.*
Auf die Spieße kommen zunächst je eine Scheibe Speck, dann zwei Fleischwürfel, die durch ein Lorbeerblatt getrennt werden, und schließlich wieder eine Scheibe Speck. Die Spieße über Holzkohlenglut grillen. Dabei die Súwla mehrmals mit der Zitronen-Öl-Mischung einpinseln und wenden. Gegen Ende der Grillzeit mit dem Rosmarin und dem Basilikum bestreuen. Bei Tisch mit Pfeffer und Salz würzen.

Bemerkung
Am besten eignet sich für Súwla – ebenso wie für Suwlákia – ein gut marmoriertes Schweinefleisch, zum Beispiel Schweinenacken. Allzu mageres Fleisch wird leicht trocken.

Gefüllter Lummerbraten
Chirinó jemistó

für 6 Personen

1 kg Lummerbraten ohne Knochen
Pflanzenöl

für die Füllung:
50 g Möhre
*50 g Staudensellerie**
50 g Paprikaschote
50 g durchwachsener Räucherspeck
1 mittelgroße, gehackte Zwiebel
150 g Hackfleisch vom Schwein
3 EL trockener Rotwein
*3 EL Commandaría**
3 EL Weinbrand
3 EL Sahne
3 EL Paniermehl
2 EL gehackter frischer Salbei
gemahlener schwarzer Pfeffer
Salz

◆ *Den Lummerbraten mit einem langen Messer von der Seite so einschneiden, daß zwei möglichst große Taschen entstehen.*
Für die Füllung die Möhre, den Sellerie und den Paprika in sehr kleine Stücke schneiden. Den Speck auslassen. Ein wenig Öl hinzufügen und das Gemüse mit der Zwiebel darin anbraten. Alles mit dem Hackfleisch, dem Wein, dem Commandaría, dem Weinbrand, der Sahne und dem Paniermehl gut vermischen. Mit dem Salbei, Pfeffer und Salz abschmecken.
Den Lummerbraten mit der Farce füllen. Ein großes Stück Aluminiumfolie mit Öl bepinseln, den Braten darauflegen und so schließen, daß kein Saft auslaufen kann. In den auf 180° vorgeheizten Backofen geben und etwa 1 3/4 Stunden garen. Die Aluminiumfolie öffnen und weitere 15 Minuten bräunen.

Bemerkung
Dieser Braten schmeckt auch kalt ausgezeichnet, sollte für diesen Fall jedoch etwas stärker gesalzen werden.

Gefüllte Schweinerippe
Stíthos jemistó

für 8 Personen

1,5 kg Schweinerippe
gemahlener schwarzer Pfeffer
Salz

für die Füllung:
500 g Hackfleisch vom Rind
*75 g gehackter Chiroméri**
1 große, gehackte Zwiebel
2 EL gehackte frische Petersilie
25 g Pinienkerne
4 EL Weinbrand
4 EL Sahne
1/4 TL geriebene Muskatnuß
gemahlener schwarzer Pfeffer
Salz

◆ *In die Schweinerippe eine Tasche schneiden. Die Zutaten für die Füllung sorgfältig vermengen. Die Schweinerippe damit füllen und mit Rouladenspießchen verschließen.*
Den Backofen auf etwa 175° vorheizen. Die Schweinerippe mit der fetten Seite nach oben in die Backform legen und etwas Wasser in die Form gießen. Etwa eine Stunde schmoren und regelmäßig begießen. Die Schweinerippe wenden. Falls nötig, etwas Wasser nachgießen. Eine weitere Stunde schmoren. Vor dem Servieren mit Pfeffer und Salz würzen.

Schweinefleisch in Tomatensauce

Chirinó kokkinistó

für 4 Personen

750 g Schweinefleisch ohne Knochen
2 mittelgroße, gehackte Zwiebeln
2 gehackte Knoblauchzehen
*75 g Staudensellerie**
750 g geschälte, pürierte Tomaten
2 EL gehackte schwarze Oliven
1 Lorbeerblatt
1/3 TL Basilikum
1/2 TL zerstoßene Rosmarinnadeln
1/2 TL Origano
1/3 TL gemahlener Zimt
1 EL Tomatenmark
3 EL trockener Rotwein
*3 EL Commandaría**
Pflanzenöl
gemahlener schwarzer Pfeffer
Salz

◆ *Das Fleisch in 3 cm große Würfel schneiden. Etwas Öl in einem breiten Topf erhitzen. Das Fleisch darin kräftig anbraten, herausnehmen und zur Seite stellen. Anschließend die Zwiebeln, den Knoblauch und den kleingeschnittenen Sellerie anbraten. Überschüssiges Fett abgießen und das Fleisch wieder in den Topf geben. Mit den Tomaten ablöschen. Die Oliven hinzufügen und mit dem Lorbeerblatt, dem Basilikum, dem Rosmarin, dem Origano, dem Zimt, Pfeffer und Salz würzen. Zudecken und köcheln lassen, bis das Fleisch gar ist.*
Nun das Tomatenmark mit dem Wein und dem Commandaría verrühren und zum Fleisch geben. Den Alkohol verdunsten lassen und servieren.

Schweinefleisch mit Kolokasie

Chirinó jiachní me kolokási

für 4 Personen

800 g Schweinefleisch ohne Knochen
*1 kg Kolokasie**
*150 g Staudensellerie**
950 g geschälte Tomaten
2 große, gehackte Zwiebeln
1 Lorbeerblatt
1 TL gemahlener Zimt
3 EL Zitronensaft
Pflanzenöl
gemahlener schwarzer Pfeffer
Salz

◆ *Die Kolokasienknollen unter fließendem Wasser gründlich waschen, abreiben und trocknen lassen; schälen. Beim Zerschneiden der Kolokasie von unten anfangen und den Schnitt immer parallel zur Achse der Pflanze führen. Dabei das Messer nur leicht eindrücken und durch Kippen der Klinge Stück für Stück absprengen. Auf diese Weise wird die natürliche Faserung des Fruchtfleischs nicht zerstört und die Stärke kann beim Kochen nicht ausgeschwemmt werden.*

Das Fleisch zerteilen, den Sellerie kleinschneiden und die Tomaten pürieren.

Etwas Öl erhitzen. Nacheinander die Kolokasienstücke, das Fleisch, den Sellerie und die Zwiebeln leicht anbraten. Überflüssiges Fett abgießen und mit den Tomaten ablöschen. Mit dem Lorbeerblatt, dem Zimt, dem Zitronensaft, Pfeffer und Salz abschmecken. Bei schwacher Hitze köcheln lassen, bis das Fleisch gar ist. Falls nötig, etwas Wasser zugießen.

Schweinefleisch mit Wein und Koriander

Afélia

für 4 Personen

6 Stunden marinieren

1 kg zartes Schweinefleisch ohne Knochen
guter Rotwein
*grobgemahlene Koriandersamen**
3 EL Erdnußöl
1 EL Schweineschmalz
gemahlener schwarzer Pfeffer
Salz

◆ *Das Schweinefleisch in kleine Stücke schneiden. Für die Marinade 150 ml Wein mit 2 EL Koriander würzen. Darin das Fleisch sechs Stunden einlegen.*

Das Fleisch in einem Sieb gut abtropfen lassen und die Marinade auffangen. In einem Topf das Erdnußöl mit dem Schweineschmalz erhitzen. Die Fleischstücke darin unter ständigem Rühren kräftig anbraten. Mit der Marinade ablöschen, einen Deckel aufsetzen. Das Fleisch auf schwacher Hitze köcheln lassen. Falls nötig, Wasser zugießen. Wenn das Fleisch gar ist, sollte die Flüssigkeit fast völlig verkocht sein.

Zum Schluß 2 EL Wein, 1/2 TL Koriander, Pfeffer und Salz hinzugeben und den Alkohol verdunsten lassen.

Schweinebraten mit Kartoffeln
Chirinó psitó

Psitó gehört zu den beliebtesten Gerichten Zyperns. Jeder Koch gibt dem Gericht seine persönliche Note. Es existieren deshalb zahlreiche Varianten.

für 4 Personen

1 kg Schweinebraten
6 Knoblauchzehen
1/2 TL gemahlener Zimt
*1 TL gemahlene Koriandersamen**
gemahlener Piment
*1 TL gemahlener Kreuzkümmel**
2 TL Origano
mittelscharfer Paprika
6 EL Pflanzenöl
6 EL Fleischbrühe
6 EL trockener Rotwein
8 mittelgroße Kartoffeln
4 mittelgroße Zwiebeln
4 große Fleischtomaten
8 schwarze Oliven
gemahlener schwarzer Pfeffer
Salz

◆ *Die Knoblauchzehen halbieren und den Schweinebraten damit spicken.*
Den Zimt, den Koriander, eine Prise Piment, den Kreuzkümmel, den Origano, Paprika, Pfeffer und Salz gut vermischen. Mit der Hälfte der Gewürzmischung den Braten einreiben. In eine große Backform legen. Das Öl, die Fleischbrühe, den Wein und 6 EL Wasser hinzugießen und den Braten in den auf 200° vorgeheizten Backofen schieben.
Die Kartoffeln und die Zwiebeln schälen.
Nach 30 Minuten den Braten wenden und die Kartoffeln und die Zwiebeln in die Form legen. Mit etwas Flüssigkeit begießen. Anschließend die restlichen Gewürze darüberstreuen. Den Braten und die Kartoffeln alle 15 Minuten begießen.
Die Tomaten über Kreuz mit zwei Einschnitten versehen. Nach weiteren 30 Minuten zusammen mit den Oliven in die Backform legen. Die Temperatur auf 180° reduzieren. Weitere 45 Minuten im Ofen lassen. Immer wieder mit Flüssigkeit begießen.

Variante
Den Braten in Stücke von der Größe der Kartoffeln schneiden und zusammen mit den Kartoffeln, Zwiebeln, Tomaten und Oliven in den Backofen schieben. Die Knoblauchzehen in die Lücken legen.

Braten mit Joghurtsauce

Psitó me jiaúrti

für 4 Personen

1 kg Schinkenbraten
1 EL Pflanzenöl
1/4 TL scharfer Paprika
*1/2 TL gemahlener Kreuzkümmel**
3 EL Zitronensaft
4 EL gehackte Walnüsse
gemahlener schwarzer Pfeffer
Salz

für die Sauce:
150 ml Bratenfond
200 g Sahnejoghurt (10 % Fett)
1 Eigelb
1 EL Stärkemehl

◆ *Den Braten mit dem Öl bestreichen. Den Paprika und den Kreuzkümmel mit Pfeffer und Salz vermischen und damit den Braten bestreuen. Den Backofen auf 200° vorheizen.*
2 Tassen Wasser in eine Backform geben, den Braten hineinlegen und zunächst bei etwa 200° im Ofen garen. Nach 20 Minuten die Temperatur auf 175° reduzieren. Von Zeit zu Zeit das Fleisch mit etwas Flüssigkeit begießen und gelegentlich wenden. Nach einer Stunde den Zitronensaft in die Flüssigkeit geben und nach Geschmack salzen. Noch eine Stunde schmoren und eventuell Wasser nachgießen.
Für die Sauce 1 Tasse Bratenfond abgießen, in einen Topf geben und erhitzen. Sollte Bratenfond fehlen, mit etwas Fleischbrühe ergänzen. Den Joghurt mit dem Eigelb und dem Stärkemehl verquirlen. Den Topf vom Herd nehmen und die Joghurtmischung unter ständigem Rühren langsam eingießen. Weiterrühren und einmal kurz aufkochen.
Zum Servieren den Braten aufschneiden und mit gehackten Walnüssen bestreuen. Die Sauce getrennt dazu reichen.

Lamm- und Kaninchenfleisch
Arnísio kä kunéli

Lamm in Tomatensauce mit Okras

Arní jiachní me bámies

für 4 Personen

500 g Lammkeule ohne Knochen
*500 g Okras**
5 EL Essig
3 große, gehackte Zwiebeln
4 gehackte Knoblauchzehen
5 EL Pflanzenöl
1 Tasse Fleischbrühe
350 g geschälte, pürierte Tomaten
1 Lorbeerblatt
Cayennepfeffer
*1/2 TL gemahlene Koriandersamen**
1/4 TL gemahlener Zimt
1/2 TL Zucker
1 EL gehacktes frisches Basilikum
1 EL gehackte frische Petersilie
gemahlener schwarzer Pfeffer
Salz

◆ *Das Lammfleisch in 2 cm große Würfel schneiden. Die Okras putzen. Dabei den Stiel mit der Kappe entfernen, den feinen, bräunlichen Ring am Schotenansatz aber stehenlassen. Waschen und gut trocknen. Anschließend mit dem Essig besprenkeln und 20 bis 30 Minuten ruhen lassen, um zu verhindern, daß die Okras beim Kochen schleimig werden.*
Die Zwiebeln und den Knoblauch in 2 EL Öl anbraten. Mit der Fleischbrühe und den Tomaten ablöschen. Mit dem Lorbeerblatt, einer Prise Cayennepfeffer, dem Koriander, dem Zimt, dem Zucker, Pfeffer und Salz würzen und bei schwacher Hitze zugedeckt köcheln lassen.
3 EL Öl erhitzen und das Lammfleisch kräftig anbraten. Herausnehmen und in die Tomatensauce geben. Weiterköcheln lassen, gelegentlich umrühren.
Nach etwa 10 Minuten die Okras im verbliebenen Öl anbraten. Sollte Öl fehlen, noch etwas nachgießen. Vorsichtig wenden, damit sie nicht zerfallen. Wenn sie Farbe angenommen haben, aus der Pfanne nehmen, abtropfen lassen und zum Fleisch geben. Bei geschlossenem Deckel köcheln lassen, bis alles gar ist. Falls nötig, Wasser zugießen; die Menge jedoch möglichst gering halten.
Vor dem Servieren mit dem Basilikum und der Petersilie bestreuen.

Variante
Statt der Okras können auch 500 g grüne Bohnen oder 12 Artischockenböden genommen werden. Dann jedoch den Essig weglassen und weniger Öl verwenden.

Lammfleischspießchen
Arní suwlákia

für 4 Personen

2-3 Stunden marinieren

800 g Lammfleisch
ohne Knochen (Keule)
1/2 Glas trockener Weißwein
6 EL Zitronensaft
6 EL Olivenöl
1 große, feingehackte Zwiebel
1 Knoblauchzehe
1 Lorbeerblatt
1 TL Origano

◆ *Das Fleisch in 2 cm große Würfel schneiden. Für die Marinade die restlichen Zutaten mischen. Das Fleisch in die Marinade legen und zwei bis drei Stunden zur Seite stellen. Mehrmals umrühren.*
Dann die Fleischstücke auf Spießchen stecken und über Holzkohlenglut grillen. Mehrmals wenden.

Variante
Für Súwla werden Fleischwürfel von 4 cm Grösse geschnitten. Abwechselnd Fleischstücke, Tomaten und Zwiebelscheiben auf einen großen Spieß stecken.

Lammragout in roter Sauce
Arní kokkinistó

für 4 Personen

4 Stunden marinieren

800 g Lammfleisch
1/2 l guter Rotwein
3 große, gehackte Zwiebeln
4 gehackte Knoblauchzehen
1/2 TL Thymian
1 TL Stärkemehl
*6 EL Commandaría**
Pflanzenöl
gemahlener schwarzer Pfeffer
Salz

◆ *Das Fleisch in grobe Würfel schneiden und vier Stunden in dem Wein marinieren.*
Etwas Öl erhitzen. Das Fleisch aus der Marinade nehmen, gut abtropfen lassen und kräftig anbraten. Anschließend die Zwiebeln und den Knoblauch hinzufügen und weiterbraten. Mit der Marinade ablöschen. Mit dem Thymian, Pfeffer und Salz würzen und köcheln lassen, bis das Fleisch gar ist. Falls nötig, Wasser nachgießen. Zum Schluß das Stärkemehl im Commandaría lösen und in die Sauce einrühren. Aufkochen und servieren.

Lamm nach Diebesart
Arní kléftiko

Kléftiko gehört zu den ältesten Formen der Fleischzubereitung. Die Urform ist wahrscheinlich weit über 2000 Jahre alt und stammt aus der Zeit, als man noch vorwiegend von der Schafzucht lebte. Von Homer wissen wir, daß damals der Viehdiebstahl so häufig war wie heute der Ladendiebstahl in den Industriestaaten. *Kléftiko* war eine günstige Methode zur versteckten Zubereitung gestohlener Tiere. Man hob ein Loch aus, stellte den mit Lehm umhüllten Tontopf mit dem gewürzten Fleisch des gestohlenen Tieres hinein, deckte alles mit einer dünnen Erdschicht zu und entzündete darüber ein Feuer. Die Abfälle wurden an anderer Stelle verscharrt. Wenn dann der Eigentümer nach seinem Tier suchte, konnte man darauf verweisen, daß man selbst nichts zu essen habe, während das gestohlene Fleisch in Wirklichkeit schon halb gar war. Eine ganz ähnliche Art der Zubereitung ist übrigens noch heute bei den Hirten Sardiniens unter dem Namen *»carrargiu«* verbreitet. In den fünfziger Jahren dieses Jahrhunderts wurde *Kléftiko* noch in einem Tontopf, dessen Deckel mit einem Mehlleim fest verklebt war, im *fúrnos* gebacken. Heute wird allgemein Aluminiumfolie verwandt, um zu erreichen, daß das Fleisch im eigenen Saft gart.

für 4 Personen

1 Stunde marinieren

1 kg Lammfleisch mit Knochen
8 EL Zitronensaft
4 EL Pflanzenöl
1 EL gehackter frischer Thymian
1 EL gehackter frischer Origano
4 Knoblauchzehen
4 möglichst frische Lorbeerblätter
gemahlener schwarzer Pfeffer
Salz

◆ *Das Fleisch in Stücke von etwa 4 cm Durchmesser zerteilen und für eine Stunde in 6 EL Zitronensaft beizen. Gelegentlich wenden.*
Vier größere Stücke Aluminiumfolie ausbreiten und mit dem Öl einpinseln. Auf jedes Stück ein Viertel des Fleisches legen. Mit dem restlichen Zitronensaft beträufeln und mit den Kräutern, Pfeffer und Salz bestreuen. Die Knoblauchzehen halbieren und zwischen die Fleischstücke stekken. Jeweils ein Lorbeerblatt auflegen und die Folie so schließen, daß kein Fleischsaft auslaufen kann. Die vier Aluminiumpäckchen in eine feuerfeste Form mit Deckel legen. In den auf 150° vorgeheizten Ofen stellen und zwei bis zweieinhalb Stunden backen.

Lammragout

Arní katsarólas

für 3 Personen

600 g Lammfleisch
2 EL Pflanzenöl
2 EL Olivenöl
2 große, gehackte Zwiebeln
4 gehackte Knoblauchzehen
500 g geschälte vollreife Tomaten
3 TL gehackter frischer oder 1 1/2 TL getrockneter Origano
1 TL gehackter frischer Salbei
2 EL feingehackte grüne Paprikaschote
2 EL feingehackte gelbe Paprikaschote
12 schwarze Oliven
2 EL gehackte frische Petersilie
gemahlener schwarzer Pfeffer
Salz

◆ *Das Lammfleisch in mundgerechte Stücke schneiden. Das Pflanzen- und das Olivenöl erhitzen und das Fleisch darin anbraten. Aus dem Topf nehmen und zur Seite stellen. Die Zwiebeln und den Knoblauch in den Topf geben und goldbraun braten. Das Fleisch hinzufügen. Die Tomaten würfeln und zum Fleisch geben. Mit dem Origano, dem Salbei, Pfeffer und Salz würzen. Bei mittlerer Hitze garen. Falls nötig, Wasser nachgießen.*
Wenn das Fleisch gar ist, die grünen und gelben Paprikaschoten sowie die Oliven hinzufügen und kurz aufkochen.
Vor dem Servieren mit der Petersilie bestreuen.

Lamm in Zitrone

Arní psitó lemonáto

für 4 Personen

2 Stunden marinieren

1 kg Lammfleisch mit Knochen
6 Knoblauchzehen
100 ml Zitronensaft
6 geputzte Schalotten
5 EL Olivenöl
1 1/2 EL Origano
1/3 TL gemahlener Zimt
1 Prise gemahlene Gewürznelke
1/4 TL geriebene Zitronenschale
gemahlener schwarzer Pfeffer
Salz

◆ *Das Lammfleisch in sechs Stücke schneiden und jedes mit einer Knoblauchzehe spicken. Mit dem Zitronensaft beträufeln und zwei Stunden zur Seite stellen.*
Das Fleisch aus dem Zitronensaft nehmen und zusammen mit den Schalotten in eine Backform legen. Die Marinade mit den restlichen Zutaten mischen und über das Fleisch gießen. Zudecken und in den auf 175° vorgeheizten Backofen stellen. Etwa zwei Stunden schmoren. Dabei die Fleischstücke mehrfach wenden und mit der Flüssigkeit begießen.

Lammragout mit Erbsen
Arní me bisélia

für 4 Personen

800 g Lammfleisch
1 1/2 EL Butter
2 gehackte Schalotten
*150 g gehackter Staudensellerie**
3/4 l Hühnerbrühe
geriebene Muskatnuß
400 g geschälte frische Erbsen
2 EL grobgehackte Walnüsse
1 EL Kapern
2 EL Kondensmilch
evtl. 1 TL Stärkemehl
gemahlener weißer Pfeffer
Salz

◆ *Das Lammfleisch in mundgerechte Stücke schneiden und in der Butter anbraten. Die Schalotten und den Sellerie hinzufügen und mitbraten. Mit der Hühnerbrühe ablöschen. Mit einer Prise Muskat, einer Prise Pfeffer und Salz würzen. Bei mittlerer Hitze köcheln lassen. Nach etwa 10 Minuten die Erbsen zugeben. Köcheln lassen, bis das Lammfleisch nach insgesamt etwa 30 Minuten gar ist. Die Walnüsse und die Kapern hinzufügen. Die Sauce mit Kondensmilch, in die bei Bedarf etwas Stärkemehl eingerührt wird, abrunden und andicken. Nochmals aufkochen.*

Variante
Statt der Erbsen kann man 12 Artischockenböden verwenden, die zunächst in Butter angebraten werden.

Lammkoteletts mit Challúmi
Kotoléttes arnísies me challúmi

für 4 Personen

2 Stunden marinieren

4 Lammkoteletts
3 EL Weißwein
2 EL Zitronensaft
3 EL Olivenöl
1/2 TL Origano
1 kleine, gehackte Zwiebel
2 Knoblauchzehen
2 EL Pflanzenöl
1 gestrichener EL getrocknete Minze
*150 g Challúmi**

◆ *Aus dem Wein, dem Zitronensaft, dem Olivenöl, dem Origano, der Zwiebel und dem Knoblauch eine Marinade herstellen und die Koteletts zwei Stunden lang einlegen.*
Das Pflanzenöl erhitzen. Die Koteletts aus der Marinade nehmen, abtupfen und braten, bis sie fast ganz gar sind. Mit der Minze bestreuen und mit dem in Scheiben geschnittenen Challúmi belegen. Zudecken und den Käse ein wenig schmelzen lassen.

Lamm »Tawás«

Arní tawás

für 4 Personen

800 g Lammfleisch ohne Knochen
800 g geputzte Schalotten
10 Knoblauchzehen
*1 EL Kreuzkümmel**
50 g Möhre
*50 g Staudensellerie**
2 Lorbeerblätter
400 g vollreife Tomaten
1 EL Tomatenmark
4 EL Essig
160 ml trockener Rotwein
1/2 TL gemahlener Zimt
1/2 TL Majoran
1/4 TL gemahlene Gewürznelke
1 gestrichener TL Zucker
Pflanzenöl
gemahlener schwarzer Pfeffer
Salz

◆ *Das Fleisch in 3 cm große Würfel schneiden. Etwas Öl erhitzen und das Fleisch goldbraun braten. Herausnehmen und in eine feuerfeste Form mit Deckel legen. Die Schalotten mit den Knoblauchzehen und dem Kreuzkümmel rundum anbraten. Herausnehmen und zwischen die Fleischstücke verteilen. Die Möhre und den Sellerie kleinschneiden und darüberstreuen. Die Lorbeerblätter dazulegen. Die Tomaten schälen, würfeln und mit dem Tomatenmark, dem Essig und dem Wein sowie dem Zimt, dem Majoran, der Nelke, dem Zucker, Pfeffer und Salz verrühren. Die Sauce über das Fleisch verteilen. Zudecken und in den auf 200° vorgeheizten Backofen stellen. Nach 30 Minuten das Fleisch wenden und weitere 30 Minuten schmoren.*

Lammfleisch mit Spinat

Arní me spanáchi

für 4 Personen

500 g Lammfleisch ohne Knochen
3 gehackte Zwiebeln
3 gehackte Knoblauchzehen
750 g frischer Spinat
300 g vollreife Tomaten
1/2 Tasse Rinderbrühe
3 EL geröstete Pinienkerne
Pflanzenöl
gemahlener schwarzer Pfeffer
Salz

◆ *Das Fleisch würfeln und portionsweise in etwas Öl anbraten. Mit der letzten Portion die Zwiebeln und den Knoblauch mitbraten und schließlich das schon gebratene Lammfleisch in den Topf zurückgeben. Den Spinat beifügen und den Deckel auflegen. Wenn der Spinat zusammengefallen ist, pfeffern und salzen. Die Tomaten schälen, pürieren und mit der Rinderbrühe zugeben. Köcheln lassen, bis das Fleisch gar ist. Vor dem Servieren die frisch gerösteten Pinienkerne darüberstreuen.*

Beilage
*eine Schale Joghurt**

Variante
Das Lammfleisch durch Hühnerfleisch ersetzen.

Kaninchen »Tawás«
Kunéli tawás

für 4 Personen

1 kg Kaninchenstücke
1 kg geputzte Schalotten
50 g Räucherspeck
50 g Möhre
5 gehackte Knoblauchzehen
2 Lorbeerblätter
400 g vollreife Tomaten
1 EL Tomatenmark
2 EL Essig
160 ml trockener Rotwein
1/2 TL gemahlener Zimt
1/2 TL zerstoßene Rosmarinnadeln
1/4 TL gemahlene Gewürznelke
1 gestrichener TL Zucker
Pflanzenöl
gemahlener schwarzer Pfeffer
Salz

◆ *Das Kaninchen in heißem Öl goldbraun braten. Herausnehmen und in eine feuerfeste Form mit Deckel legen. Die Schalotten rundum anbraten. Zwischen den Kaninchenstücken verteilen. Den Speck und die Möhre in kleine Würfel schneiden und mit dem Knoblauch über das Fleisch streuen. Die Lorbeerblätter dazulegen. Die Tomaten schälen, würfeln, mit den restlichen Zutaten mischen und über das Fleisch verteilen. Zudecken und in den auf 200° vorgeheizten Backofen stellen. 50 Minuten schmoren. Das Fleisch wenden und weitere 50 Minuten garen.*

Kaninchen in weißer Estragonsauce
Kunéli me sáltsa áspri

für 4 Personen

1 kg Kaninchenstücke
1 feingehackte Zwiebel
2 feingehackte Knoblauchzehen
3/4 l Hühnerbrühe
1 EL Stärkemehl
1 Tasse Sahne
2 EL gehackter frischer Estragon
1 EL Kapern
Pflanzenöl
gemahlener weißer Pfeffer
Salz

◆ *Das Kaninchen in heißem Öl anbraten. Die Zwiebel und den Knoblauch hinzufügen und kurz mitbraten. Mit der Brühe ablöschen und köcheln lassen, bis das Fleisch gar ist. Die Flüssigkeit bis zur Hälfte einkochen lassen. Pfeffern und salzen. Das Stärkemehl in der Sahne lösen und in die Sauce einrühren. Aufkochen. Mit dem Estragon und den Kapern abschmecken.*

Rind- und Kalbfleisch

Wodinó kä moscharísio

Rinderlende in Rotweinsauce

Wodinó kokkinistó

für 4 Personen

6 -12 Stunden marinieren

1 kg Rinderlende
150 g fetter Räucherspeck
700 ml guter Rotwein
3 Blumenkohlröschen (etwa 80 g)
1 kleine, gehackte Zwiebel
2 gehackte Knoblauchzehen
*2 TL grobgemahlene Koriandersamen**
1 TL Stärkemehl
*1/2 Glas Commandaría**
20 entkernte schwarze Oliven
Pflanzenöl
gemahlener schwarzer Pfeffer
Salz

◆ *Das Rindfleisch in etwa 4 cm große Stücke und den Speck in bleistiftdicke Streifen schneiden. Durch jeden Fleischwürfel einen Speckstreifen ziehen.*
Etwas Öl erhitzen und die Fleischstücke rundum anbraten. Das überschüssige Fett abgießen. Mit dem Wein ablöschen. Einen Deckel auflegen und das Fleisch sechs bis zwölf Stunden kühlstellen. Den Blumenkohl, die Zwiebel und den Knoblauch in Öl anbraten, zum Schluß den Koriander hinzufügen. Das Gemüse zum Fleisch geben, pfeffern und salzen. Alles garen. Die Fleischstücke herausnehmen und warmstellen. Das Gemüse pürieren. Das Stärkemehl im Commandaría lösen und in die Sauce gießen. Aufkochen und die Oliven und das Fleisch hinzufügen. Sobald der Alkohol verdunstet ist, servieren.

Bemerkung
Das Gelingen dieses Gerichts ist sehr von der Qualität des verwandten Weins abhängig. Auf Zypern nimmt man einen Othello oder Claret. Ein französischer Medoc oder Burgunder oder ein italienischer Barolo oder Brunello di Montalcino sind in gleicher Weise geeignet. Bei Verwendung eines einfachen Tafelweins schmeckt das Gericht schnell säuerlich und kraftlos.

◆ *Das Rindfleisch in 4 cm große Stücke schneiden. Etwas Öl erhitzen und das Fleisch darin kräftig anbraten. Herausnehmen und in eine feuerfeste Form mit Deckel legen. Die Schalotten im verbliebenen Öl rundum anbraten. Den Kreuzkümmel kurz mitbraten. Herausnehmen und zwischen die Fleischstücke verteilen. Die Möhre und den Sellerie würfeln. Mit dem Speck, dem Knoblauch und den Lorbeerblättern über das Fleisch streuen. Die Tomaten schälen, würfeln und mit dem Tomatenmark, dem Essig und dem Wein vermischen. Den Zimt, den Origano, die Nelke, den Zucker, Pfeffer und Salz hinzufügen und alles umrühren. Über das Fleisch gießen. Die Form schließen und in den auf 200° vorgeheizten Backofen stellen. Etwa zwei Stunden garen. Dabei das Fleisch alle 30 Minuten wenden.*

Rinderlende »Tawás«

Wodinó tawás

für 4 Personen

800 g Rinderlende
800 g Schalotten
*2 TL Kreuzkümmelsamen**
50 g Möhre
*50 g Staudensellerie**
50 g gewürfelter Räucherspeck
5 gehackte Knoblauchzehen
2 Lorbeerblätter
400 g vollreife Tomaten
1 EL Tomatenmark
2 EL Essig
1/8 l trockener Rotwein
1/2 TL gemahlener Zimt
1/2 TL Origano
1/4 TL gemahlene Gewürznelke
1 gestrichener TL Zucker
Pflanzenöl
gemahlener schwarzer Pfeffer
Salz

Rinderschmorbraten
Wodinó rósto tis katsarólas

für 4 Personen

1 kg Roastbeef
2 feingehackte Zwiebeln
3 gehackte Knoblauchzehen
1 Tasse Hühnerbrühe
1 Glas guter Rotwein
2 Gewürznelken
1 Stück Orangenschale (etwa 5 mal 5 cm)
5 zerdrückte schwarze Oliven
1 Zimtstange
2 Lorbeerblätter
1/4 TL gemahlene gelbe Senfkörner
1/2 TL zerstoßene Rosmarinnadeln
1/4 TL Origano
*3 EL Commandaría**
Pflanzenöl
gemahlener schwarzer Pfeffer
Salz

◆ *Etwas Öl erhitzen. Das Roastbeef rundum kräftig anbraten, dann aus dem Topf nehmen. Im verbliebenen Öl die Zwiebeln und den Knoblauch anbraten. Das Fleisch mit dem ausgetretenen Fleischsaft in den Topf zurückgeben. Mit der Brühe, dem Wein und 1 Tasse Wasser ablöschen. Die Nelken in die Orangenschale stecken und diese mit den Oliven und den übrigen Gewürzen dem Fleisch hinzufügen. Den Deckel schließen und bei mittlerer Hitze garen. Gelegentlich wenden.*
Die Orangenschale mit den Nelken, Lorbeerblätter und Zimtstange entfernen. Das Fleisch aus dem Topf nehmen und warmstellen. Den Commandaría in die Sauce gießen und, falls nötig, kurz einkochen lassen. Getrennt zum Braten servieren.

Rindfleisch mit Erbsen
Wodinó jiachní me bisélia

für 4 Personen

600 g Roastbeef
600 g vollreife Tomaten
3 EL Pflanzenöl
2 große, gehackte Zwiebeln
4 gehackte Knoblauchzehen
2 Lorbeerblätter
*2/3 TL gemahlene Koriandersamen**
1/2 TL gemahlener Zimt
1/3 TL Origano
1/3 TL Basilikum
1/3 TL geriebene Muskatnuß

◆ *Das abgehangene, frische Roastbeef in etwa 3 cm große Würfel und die Tomaten in kleine Würfel schneiden.*
Das Öl erhitzen und das Fleisch darin dunkelbraun anbraten. Die gehackten Zwiebeln und den Knoblauch hinzufügen und braten. Wenn sie goldbraun sind, mit den geschälten und pürierten Tomaten ablöschen und die Gewürze beifügen. Die Hitze verringern und alles köcheln lassen.
Nach 25 Minuten die Erbsen hinzufügen und weiter köcheln lassen. Wenn die Erbsen gar sind, mit dem Commandaría abschmecken. Den Alkohol verdunsten lassen.
Mit gewässerten, rohen Zwiebelringen garnieren.

300 g frische geschälte Erbsen
*3 EL Commandaría**
Zwiebelringe
gemahlener schwarzer Pfeffer
Salz

Variante
Die Erbsen können durch in der Schote gekochte junge Zuckererbsen oder junge breite Bohnen (Vicia faba vulgaris) oder durch Staudensellerie ersetzt werden.*

Rindfleisch nach Diebesart
Wodinó kléftiko

für 4 Personen

8 Rindfleischstücke (Keule) zu je 125 g
8 Streifen Speck
*2 Stangen Sellerie**
1 Stange Porree
1 große Möhre
1 große Tomate
1 Zwiebel
2 TL Zitronensaft
2 gehackte Knoblauchzehen
gemahlener Zimt
2 TL gehacktes frisches Basilikum
Pflanzenöl
gemahlener schwarzer Pfeffer
Salz

◆ *Die Fleischstücke mit den Speckstreifen spikken. Den Sellerie in vier Stücke schneiden, jedes 7 cm lang; vom Porree das Grüne entfernen, Porree und Möhre der Länge nach vierteln. Die Tomate und die Zwiebel in jeweils vier Scheiben schneiden, die runden Außenteile dabei nicht mitverwenden.*
Vier große Stücke Aluminiumfolie mit etwas Öl einpinseln. Auf jedes Stück eine halbe Stange Sellerie, einen Streifen Möhre und ein Stück Porree legen. Darauf kommen je zwei Stücke Fleisch. Mit dem Zitronensaft beträufeln und den Knoblauch darüberstreuen. Darauf jeweils eine Tomatenscheibe legen und mit Zimt und dem Basilikum würzen. Abschließend die Zwiebelscheiben auflegen, pfeffern und salzen. Mit etwas Öl beträufeln. Die Folie so schließen, daß kein Saft austreten kann. Die Päckchen auf den Ofenrost legen und zweieinhalb Stunden bei 175° backen.

Steak mit Zwiebelsauce
Steak me sáltsa kremmidión

für 4 Personen

24 Stunden marinieren

4 zarte Filetsteaks
1 Knoblauchzehe
4 TL Zitronensaft
Pflanzenöl

für die Sauce:
8 mittelgroße Zwiebeln
*2 TL Kreuzkümmelsamen**
4 EL Tomatenmark
*1/2 Glas Commandaría**
gemahlener schwarzer Pfeffer
Salz

◆ *Den zerdrückten Knoblauch mit dem Zitronensaft und 2 EL Öl vermischen. Die Steaks damit einpinseln und 24 Stunden kühlstellen.*
Für die Sauce etwas Öl erhitzen. Die Zwiebeln in Schnitze zerteilen und braten, bis sie glasig sind. Den Kreuzkümmel zugeben und mitbraten, bis die Zwiebeln goldbraun sind. Das Tomatenmark hinzufügen. Mit dem Commandaría und 1/2 Tasse Wasser ablöschen. Die Sauce ein wenig einkochen lassen. Mit Pfeffer und Salz abschmecken. Für die Steaks etwas Öl stark erhitzen. Die Steaks hineingeben und nach Geschmack braten. Zum Servieren mit der heißen Zwiebelsauce übergießen.

Rindfleisch in Folie
Wodinó se asimócharto

für 4 Personen

4 Rindfleischstücke (Keule) zu je 200 g
1 TL Zitronensaft
2 EL Margarine
16 zerdrückte schwarze Oliven
2 Knoblauchzehen
1 kleine, feingehackte Zwiebel
1 TL gehackte frische Minze
geriebene Orangenschale
4 lange Streifen milder Frühstücksspeck
Pflanzenöl
gemahlener schwarzer Pfeffer

◆ *Den Zitronensaft mit der Margarine, den Oliven, dem zerdrückten Knoblauch, der Zwiebel, der Minze, einer Prise Orangenschale und Pfeffer vermischen. Die Fleischstücke damit einreiben. Jeweils einen Streifen Frühstücksspeck um die Fleischstücke wickeln und mit Küchengarn befestigen.*
Vier große Stücke Aluminiumfolie mit Öl einpinseln. Jeweils ein Fleischstück auflegen und so schließen, daß kein Saft austreten kann. Die Aluminiumpäckchen auf den Backofenrost legen und zwei Stunden bei 175° garen.

Zyprische Roulade

Wodinó tilichtó

für 4 Personen

4 Rinderrouladen
1 mittelgroße, gehackte Zwiebel
5 zerdrückte schwarze Oliven
gemahlene Gewürznelke
gemahlener Zimt
1/2 EL Stärkemehl
*3 EL Commandaría**
Pflanzenöl
Salz

für die Füllung:
300 g Hackfleisch vom Schwein
1 gehackte Zwiebel
2 gehackte Knoblauchzehen
2 EL gehackte frische Petersilie
20 g Pinienkerne
20 g Korinthen
*1 TL frisch gemahlene Koriandersamen**
1/4 TL geriebene Muskatnuß
2 EL Zitronensaft
1 EL Weinbrand
*4 EL Commandaría**
2 EL Kondensmilch
2 TL Paniermehl
gemahlener schwarzer Pfeffer
Salz

◆ *Die Füllungszutaten gut vermengen.*
Die Rouladen schwach salzen, mit der Füllung bestreichen und zusammenrollen. Mit Rouladenringen, Küchengarn oder Zahnstochern sicher verschließen. Etwas Öl erhitzen und die Rouladen rundum anbraten. Die Zwiebel kurz mitbräunen. Mit so viel Wasser ablöschen, daß die Rouladen knapp bedeckt sind. Die Oliven hinzufügen, mit je einer Prise Nelke und Zimt würzen. Zudecken und köcheln lassen, bis die Rouladen gar sind. Gelegentlich wenden.
Zum Schluß das Stärkemehl im Commandaría lösen und in die Sauce einrühren. Kurz aufkochen. Mit Salz abschmecken.

Kalbfleisch »Kapamás«
Moscharísio kapamás

für 4 Personen

600 g Kalbfleisch ohne Knochen
1/8 l trockener Weißwein
1/8 l Hühnerbrühe
1/8 l Rinderbrühe
6 mittelgroße, geschälte Tomaten
2 Lorbeerblätter
1 gestrichener TL gemahlener Zimt
1 gestrichener TL gemahlener Anis
*1/4 TL gemahlener Kreuzkümmel**
gemahlene Gewürznelke
1/4 TL Zucker
3 mittelgroße, gehackte Zwiebeln
5 gehackte Knoblauchzehen
2 EL geschälte frische Erbsen
2 große Möhren
1 kleine Stange Porree
*4 Stangen Sellerie**
*1 TL Kreuzkümmelsamen**
6 zerdrückte schwarze Oliven
*gehacktes Selleriegrün**
Pflanzenöl
gemahlener schwarzer Pfeffer
Salz

◆ *Den Wein, die Hühner- und die Rinderbrühe in einen Topf gießen. Die Tomaten kleinschneiden und hinzufügen. Mit den Lorbeerblättern, dem Zimt, dem Anis, dem Kreuzkümmel, einer Prise Nelke, dem Zucker, Pfeffer und Salz würzen. Aufkochen.*
Das Kalbfleisch in mundgerechte Stücke schneiden. Etwas Öl erhitzen und das Fleisch anbraten. Anschließend in den Sud legen. Die Zwiebeln und den Knoblauch im verbliebenen Öl anbraten und mit den Erbsen dem Fleisch beifügen. Den Sud köcheln lassen, bis das Fleisch fast gar ist. Unterdessen die Möhren der Länge nach vierteln. Den grünen Teil des Porrees entfernen. Möhren, Porree und Sellerie in 2 cm lange Stükke schneiden und mit den Kreuzkümmelsamen anbraten.
Wenn das Fleisch gar ist, das Gemüse und die Oliven hinzufügen und weitere 5 Minuten kochen. Das Selleriegrün hacken und vor dem Servieren über das Kalbfleisch streuen.

Gefüllte Kalbsbrust
Stíthos moscharísio jemistó

für 8 Personen

1 Stück Kalbsbrust (etwa 1,5-2 kg)
2 EL Zitronensaft
*3 EL Commandaría**
2 EL Pflanzenöl
Salz

für die Füllung:
500 g Hackfleisch von Rind und Schwein
150 g gewürfelter Frühstücksspeck
2 gehackte Zwiebeln
2 gehackte Knoblauchzehen
*4 EL gehacktes Selleriegrün**
2 EL gehackte frische Petersilie
50 g Pistazien
3 EL Kondensmilch
1 EL Paniermehl
1/4 TL geriebene Zitronenschale
1/4 TL geriebene Muskatnuß
*1 TL gemahlener Koriandersamen**
gemahlener schwarzer Pfeffer
Salz

für die Sauce:
1/4 l trockener Weißwein
*3 EL Commandaria**
1 EL Stärkemehl
1 Tasse süße Sahne

◆ *Die Füllungszutaten gut vermengen.*
In die Kalbsbrust eine Tasche schneiden, mit der Farce füllen und mit Küchengarn zunähen. Das Fleisch außen mit Küchenkrepp abtupfen. Den Zitronensaft mit dem Commandaría und dem Öl vermischen und damit das Fleisch einpinseln. Die restliche Flüssigkeit zur Seite stellen.
Den Boden einer Backform mit 1/2 l Wasser bedecken. Die Kalbsbrust hineinlegen und in den auf 200° vorgeheizten Backofen stellen. Zunächst 10 Minuten offen braten. Dann zudecken und etwa zweieinhalb Stunden schmoren. Das Fleisch gelegentlich wenden, übergießen und mit der Zitronen-Commandaría-Mischung einpinseln. Gegen Ende der Bratzeit mit Salz bestreuen.
Für die Sauce den Braten aus dem Topf nehmen und warmstellen. Den Bratenfond mit dem Wein und 1 Tasse Wasser aufkochen. Den Commandaría beifügen. Das Stärkemehl in der Sahne lösen und die Sauce damit andicken. Mit Salz abschmecken.

Kalbsschnitzel

Biftékia moscharísia

für 4 Personen

4 Kalbsschnitzel
Weizenmehl
2 Eier
Paniermehl
1 rote Paprikaschote
2 EL Kapern
*4 EL frischer Challúmi**
Pflanzenöl

◆ *Die Schnitzel erst in Weizenmehl, dann in den verschlagenen Eiern und schließlich in Paniermehl wenden. Etwas Öl erhitzen und die Schnitzel darin braten.*
Die Paprikaschote in kleine Würfel schneiden und mit den Kapern und dem gewürfelten Käse mischen. Die Schnitzel in der Pfanne damit bestreuen. Kurz einen Deckel auflegen, damit der Käse ein wenig schmilzt.

Variante
Den Challúmi durch Mozzarella ersetzen.

Hackfleisch
Kimádes

Frikadellen
Keftédes

für 6 Personen

1 kg mageres Hackfleisch vom Schwein
300 g Kartoffeln
300 g sehr fein gehackte Zwiebeln
8 EL gehackte frische Petersilie
2 Eier
2 EL getrocknete Minze
1 TL Basilikum
3/4 TL gemahlener Zimt
1 Prise gemahlene Gewürznelke
Pflanzenöl
gemahlener schwarzer Pfeffer
Salz

◆ *Die Kartoffeln reiben und sorgfältig ausdrücken, damit sie möglichst trocken sind.*
Das Hackfleisch mit den Kartoffeln, den Zwiebeln, der Petersilie, den Eiern, der Minze und den Gewürzen sorgfältig vermengen. 30 Minuten in den Kühlschrank stellen.
Aus dem Hackfleisch längliche Frikadellen in der Form eines kleinen Hühnereis formen. In Öl bei mittlerer Hitze braten.

Gefüllte Artischocken in Béchamelsauce

Anginares jemistés se béchamel

für 4 Personen

16 breite Artischocken
1 Zitrone

für die Füllung:
400 g Tatar
1 kleine gehackte Zwiebel
1 gehackte Knoblauchzehe
2 EL Pflanzenöl
1 EL gehackte frische Petersilie
1 EL Tomatenmark
*50 g geriebener Kefalotíri**
2 Eiweiß
gemahlener schwarzer Pfeffer
Salz

für die Sauce:
1 1/2 EL Margarine
1 1/2 EL Weizenmehl
400 ml Milch
1/3 TL gemahlener Zimt
2 Eigelb
*75 g geriebener Kefalotíri**

◆ *Die Zitrone auspressen und den Saft mit 3/4 l Wasser mischen. Die Zitronenhälften aufheben. Von den – möglichst breiten – Artischocken den Stiel unterhalb des Blütenbodens abschneiden. Die Blätter entfernen. Mit einem Kugellöffel den dornigen Flaum vom Blütenboden abkratzen. Alle Schnittflächen mit den Zitronenhälften abreiben, damit sie sich nicht verfärben. In dem Zitronenwasser 25 Minuten kochen.*
Für die Füllung das Fleisch mit der Zwiebel und dem Knoblauch im Öl anbraten. Die Petersilie hinzufügen, pfeffern und salzen. Den Topf vom Herd nehmen. Das Tomatenmark und den Kefalotíri untermischen. Wenn die Masse etwas abgekühlt ist, das Eiweiß hinzufügen.
Die Artischockenböden mit der Fleischmischung füllen und warmstellen.
Für die Béchamelsauce die Margarine erhitzen, das Mehl einrühren und hellgelb werden lassen. Die Milch zugeben und mit dem Schneebesen durchschlagen, damit sich keine Klumpen bilden. Einige Minuten köcheln lassen. Mit dem Zimt würzen, die Eigelbe unterziehen, den Käse hinzufügen und alles gut vermischen.
Die Sauce über die Artischocken geben und im vorgeheizten Ofen bei etwa 200° 15 bis 20 Minuten überbacken.

Variante
Den Kefalotíri durch alten Gouda ersetzen.

Weinblätter in dunkler Sauce

Kupépia me sáltsa tomátas

für 6 - 8 Personen

400 g frische Weinblätter (etwa 70 Stück)

für die Füllung:
1 kg Hackfleisch vom Rind
125 g feingehackte Zwiebeln
2 Eier
2 EL Paniermehl
2 EL Kondensmilch
6 EL gehackte frische Petersilie
4 EL gehackte frische Minze
1 TL gemahlener Anis
gemahlener schwarzer Pfeffer
Salz

für die Sauce:
125 g gehackte Zwiebeln
1/8 l Fleischbrühe
*200 ml Commandaría**
5 EL kräftiger trockener Rotwein
150 g Tomatenmark
Pflanzenöl

◆ *Die Füllungszutaten gut vermengen.*
Die Weinblätter gut abspülen und 5 Minuten in kochendheißes Wasser legen, damit sie weich und elastisch werden. Herausnehmen und abtropfen lassen.
Ein Blatt mit den Blattrippen nach oben auf die Arbeitsplatte legen. Auf die Mitte der Blattspitze gegenüber dem Stiel 1 TL Füllung geben. Die Blattspitze darüberrollen, die Blattseiten über der Füllung einschlagen und das Blatt um die Füllung in Richtung des Stiels rollen. So alle Blätter füllen und mit dem Stiel nach unten in eine feuerfeste Form legen. Es lassen sich mehrere Schichten übereinander stapeln. Oben einen Raum von etwa 2 cm Höhe frei lassen.
Für die Sauce die Zwiebeln in etwas Öl anbraten. Mit der Brühe, dem Commandaría und dem Wein ablöschen. Pfeffern und salzen. Das Tomatenmark hinzufügen und unter ständigem Rühren kurz köcheln lassen.
Die Sauce über die Weinblätter geben und die geschlossene Form in den auf 200° vorgeheizten Backofen stellen. 45 Minuten garen.

Variante
Die frischen durch in Salzlake eingelegte Weinblätter ersetzen, die es in den meisten türkischen Lebensmittelgeschäften zu kaufen gibt. Die Blätter müssen kurz heiß gewässert werden, weil sie sonst zu salzig sind. In diesem Fall auch Füllung und Sauce entsprechend sparsamer salzen.

Bemerkung
Wer frische Weinblätter bekommen kann, sollte nur junge, ungespritzte Blätter nehmen, die noch nicht holzig sind. In Deutschland sind die im Juni und Juli erhältlichen Weinblätter am geeignetsten.

Musakás

für 8 Personen

1,5 kg mageres Hackfleisch von Rind und Schwein
7 mittelgroße, gehackte Zwiebeln
5 gehackte Knoblauchzehen
1 Tasse gehackte frische Petersilie
1/2 Tasse gehackte frische Minze
1 TL gemahlener Zimt
1 TL gemahlener Anis
1 TL Basilikum
100 g Tomatenmark
2 EL Paniermehl
2 Eier
500 g Kartoffeln (festkochend)
500 g Zucchini
500 g Auberginen
4 EL Zitronensaft
Pflanzenöl
gemahlener schwarzer Pfeffer
Salz

für die Sauce:
2 EL Margarine
2 EL Weizenmehl
1/2 l Milch
1/2 TL gemahlener Zimt
2 Eigelb
*125 g geriebener Kefalotíri**

◆ *Das Hackfleisch mit den Zwiebeln und dem Knoblauch in etwas Öl anbraten. Die Petersilie und die Minze hinzufügen und weiterbraten. Mit dem Zimt, dem Anis, dem Basilikum, Pfeffer und Salz würzen. Gut mischen und etwas abkühlen lassen. Das Tomatenmark, das Paniermehl und die Eier untermengen und alles zur Seite stellen. Die Kartoffeln, die Zucchini und die Auberginen in 1/2 cm dicke Scheiben schneiden. Genügend Öl erhitzen, bis es zu rauchen beginnt. Die Kartoffeln hineingeben und kurz anbraten, ohne daß sie ganz gar werden. Herausnehmen, abtropfen lassen und auf Küchenkrepp oder einen Rost legen. Mit Salz bestreuen. Danach die Zucchini und die Auberginen ebenso kurz braten und das überschüssige Fett abtropfen lassen. Die Auberginen mit Zitronensaft beträufeln.*
Den Boden einer Backform mit Kartoffeln auslegen. Darauf die Hälfte des Fleisches, darüber die Auberginen und den Rest des Fleisches verteilen. Mit den Zucchini abdecken. Zur Seite stellen.
Für die Béchamelsauce die Margarine erhitzen, das Mehl einrühren und hellgelb werden lassen. Die Milch zugeben und mit dem Schneebesen durchschlagen, damit sich keine Klumpen bilden. Einige Minuten köcheln lassen. Mit Zimt würzen. Die Eigelbe unterziehen. Vier Fünftel des Käses hinzufügen und alles gut vermischen. Die Sauce über die Zucchini gießen und mit dem restlichen Käse bestreuen. In den auf 200° vorgeheizten Backofen stellen und 45 Minuten garen.

Bemerkung
Kleine, schlanke Auberginen verwenden, denn sie saugen weniger Öl auf.

Nudel-Auflauf

Makarónia tu fúrnu (Pastítsio)

für 4 Personen

250 g kurze italienische Maccheroni
125 g gehackte Zwiebeln
2 gehackte Knoblauchzehen
500 g mageres Hackfleisch von Rind und Schwein
1/3 TL gemahlener Zimt
1/3 TL gemahlener Anis
1/3 TL getrocknetes Basilikum
3 EL gehackte frische Petersilie
1 1/2 EL gehackte frische Minze
35 g Tomatenmark
Paniermehl
2 Eiweiß
Pflanzenöl
gemahlener schwarzer Pfeffer
Salz

für die Béchamelsauce:
2 EL Margarine
2 schwach gehäufte EL Weizenmehl
1/2 l Milch
1/4 TL gemahlener Zimt
2 Eigelb
*125 g geriebener Kefalotíri**

◆ *Die kurzen italienischen Maccheroni (nicht die in Deutschland als »Makkaroni« verkauften, langen italienischen Ziti) al dente kochen, vom Herd nehmen, in ein Sieb schütten und abtropfen lassen.*
Die Zwiebeln und den Knoblauch in Öl anbraten. Das Hackfleisch dazugeben und braten, bis es gar ist. Ständig wenden. Vom Herd nehmen und mit dem Zimt, dem Anis, dem Basilikum, Pfeffer und Salz würzen. Die Petersilie, die Minze und das Tomatenmark zugeben und alles gut vermischen. Abkühlen lassen.
Für die Béchamelsauce die Margarine erhitzen, das Mehl einrühren und hellgelb werden lassen. Die Milch zugeben und mit dem Schneebesen durchschlagen, damit sich keine Klumpen bilden. Einige Minuten köcheln lassen. Mit dem Zimt würzen. Nacheinander die Eigelbe und 100 g Käse unterziehen.
Eine Backform einfetten und mit Paniermehl ausstreuen.
Sobald die Nudeln etwas abgekühlt sind, ein Eiweiß daruntermischen. Es darf dabei nicht gerinnen. Das andere Eiweiß unter das abgekühlte Hackfleisch geben.
Zuerst kommt die Hälfte der Nudeln in die Auflaufform. Darauf abwechselnd einige Löffel Béchamelsauce, das Hackfleisch und wieder einige Löffel Béchamelsauce verteilen. Den Rest der Nudeln darübergeben und mit Béchamelsauce bedecken. Mit dem verbliebenen Käse bestreuen, die Auflaufform zudecken und in den auf 200° vorgeheizten Backofen stellen. Nach 30 Minuten den Deckel abnehmen und weiter backen, bis die Oberfläche goldbraun ist.

Varianten
> *Statt des Kefalotíri kann Provolone verwandt werden.*
> *Die frische Minze durch 1/2 EL getrocknete Minze ersetzen.*

◆ *Das Fleisch mit den Zwiebeln, dem zerdrückten Knoblauch, der Petersilie, dem Kreuzkümmel, Pfeffer und Salz würzen; mit dem Ei, dem Eiweiß und dem Paniermehl gut vermischen.*
Für die Sauce die geschälten Tomaten kleinschneiden und in das heiße Olivenöl geben. Mit dem Zimt, dem Koriander, dem Zucker und Salz würzen und etwa 5 bis 10 Minuten köcheln lassen. Inzwischen die Oliven entkernen, halbieren und zur Seite stellen.
Aus der Hackfleischmischung 20 Bällchen formen, in denen jeweils eine Mandel steckt. Etwas Pflanzenöl kräftig erhitzen und die Bällchen darin rundum anbraten. Sie dürfen innen noch nicht gar werden. Herausnehmen und kurz auf Küchenkrepp legen, um überschüssiges Fett zu entfernen. Die Bällchen in einer breiten, flachen Backform so anordnen, daß alle den Boden berühren.
Den Sellerie, die Schalotten, die Paprikaschoten und die Oliven in die Sauce geben und dann über die Hackfleischbällchen verteilen. Im auf 200° vorgeheizten Backofen 10 Minuten garen.

Variante
Die Hackfleischbällchen in die Gemüsesauce legen und etwa 7 Minuten köcheln lassen, statt sie zu backen. Wichtig ist, daß sie etwas von der Sauce aufnehmen, aber nicht aufweichen.

Hackfleischbällchen nach zyprischer Art
Sundsukákia kipriaká

für 4 Personen

600 g Hackfleisch vom Schwein
2 große, gehackte Zwiebeln
6 Knoblauchzehen
6 EL gehackte frische Petersilie
*1 1/2 TL gemahlener Kreuzkümmel**
1 Ei
1 Eiweiß
3 EL Paniermehl
20 geröstete Mandeln
Pflanzenöl
gemahlener schwarzer Pfeffer
Salz

für die Sauce:
600 g vollreife Tomaten
2 EL Olivenöl
1/2 TL gemahlener Zimt
*1 TL gemahlene Koriandersamen**
1 1/2 TL Zucker
8 schwarze Oliven
8 grüne Oliven
*3 EL feingehackter Staudensellerie**
3 EL feingehackte Schalotten
3 EL feingehackte grüne Paprikaschoten

Hackbraten
Roló

für 4 - 6 Personen

1 kg Hackfleisch von Rind und Schwein
1/2 Tasse Essig
Zitronensaft
200 g Schweinenetz
3 große, gehackte Zwiebeln
2 EL Paniermehl
6 EL gehackte frische Petersilie
2 Eier
1 Tasse geschälte, pürierte Tomaten
1 EL gehacktes frisches Basilikum
1/2 TL zerstoßene Rosmarinnadeln
4 hartgekochte Eier
gemahlener schwarzer Pfeffer
Salz

◆ *1 l lauwarmes Wasser mit dem Essig, 1/2 Tasse Zitronensaft und einer Prise Salz vermischen. Das Schweinenetz darin einweichen.*
Die Zwiebeln in Öl anbraten und zum Abkühlen zur Seite stellen. Das Hackfleisch mit dem Paniermehl, der Petersilie, den rohen Eiern, 4 EL Zitronensaft und den Tomaten vermischen. Mit dem Basilikum, dem Rosmarin, Pfeffer und Salz würzen. Die Zwiebeln hinzugeben und alles gut mischen.
Das Schweinenetz in warmem Wasser spülen, abtropfen lassen und auf der Arbeitsfläche ausbreiten. Aus dem Hackfleisch einen Laib formen, in dessen Mitte die hartgekochten Eier stecken. Den Hackbraten in das Schweinenetz fest einrollen. Den fetten, überstehenden Rand des Netzes abschneiden. Eine Backform einfetten, den Boden mit Wasser bedecken und den Braten hineinlegen. Die Form mit einem Deckel schließen, in den auf 190° vorgeheizten Backofen stellen und 30 Minuten schmoren. Den Deckel abnehmen und weitere 40 Minuten garen. Einmal wenden, damit der Braten von allen Seiten dunkelbraun wird.

Beilage
Da der Hackbraten keine Sauce hat, empfiehlt sich als Beilage ein Gemüse mit Sauce.

Bemerkung
Der Braten kann auch kalt serviert werden.

Variante

Wurstrolle
Pombári

2 EL gekochter Rundkornreis
2 EL Pflanzenöl
300 g geschälte, pürierte Tomaten
1 Tasse Fleischbrühe
gemahlener schwarzer Pfeffer
Salz

◆ *Das Hackfleisch statt mit Paniermehl mit dem Reis mischen und die hartgekochten Eier weglassen. Die Füllung in einen Bratwurstdarm stopfen. Schneckenförmig aufrollen und in eine passende Backform legen. Öl, Tomaten, Fleischbrühe, Pfeffer und Salz mischen, über die Wurst gießen und im 190° heißen Backofen garen.*

Zucchini-Schühlein
Paputsákia

für 4 Personen

4 große Zucchini
1/2 Tasse Fleischbrühe
Pflanzenöl

für die Füllung:
700 g Hackfleisch vom Rind
4 mittelgroße, gehackte Zwiebeln
4 gehackte Knoblauchzehen
2 EL gehackte frische Petersilie
1 EL Tomatenmark
*1 TL gemahlene Koriandersamen**
1/3 TL gemahlener Zimt
*3 EL Commandaría**
2 EL Paniermehl
*100 g geriebener junger Kefalotíri**
gemahlener schwarzer Pfeffer
Salz

für die Béchamelsauce:
2 EL Margarine
3 EL Weizenmehl
1/2 l Milch
1/4 TL geriebene Muskatnuß
2 Eigelb
*125 g geriebener junger Kefalotíri**

◆ *Die möglichst breiten, ungeschälten Zucchini der Länge nach halbieren und aushöhlen.*
Für die Füllung die Zwiebeln und den Knoblauch in etwas Öl goldbraun braten. Das Hackfleisch hinzufügen und braten, bis es vollständig grau ist. Die Pfanne vom Herd nehmen, die Petersilie und das Tomatenmark zugeben. Mit dem Koriander, dem Zimt, Pfeffer und Salz würzen. Den Commandaría zugießen, das Paniermehl und den Käse untermischen.
Die Brühe und 3 EL Öl in eine Backform mit Deckel gießen. Die Zucchinihälften hineinlegen und mit dem Hackfleisch füllen. Zudecken und in den auf 200° vorgeheizten Backofen stellen. 30 Minuten garen.
Für die Béchamelsauce die Margarine erhitzen, das Mehl einrühren und hellgelb werden lassen. Die Milch zugeben und mit dem Schneebesen durchschlagen, damit sich keine Klumpen bilden. Einige Minuten köcheln lassen. Mit Muskat abschmecken. Die Eigelbe unterziehen. Den Käse hinzufügen und alles gut vermischen.
Nach 30 Minuten die Backform öffnen und die Flüssigkeit 5 Minuten lang verdunsten lassen. Die Béchamelsauce über die Zucchini gießen. Das Gericht weitere 15 Minuten überbacken.

Gefülltes Gemüse

Dolmádes

Die Bezeichnung *»Dolmádes«* kommt aus dem Türkischen: *»dolma«* heißt »gefüllt«. Werden nur ein oder zwei Gemüsesorten gefüllt, nennt man das Gericht *»Parajemistá«*.

für 4 Personen

1 große Aubergine
1 großer Zucchino
2 mittelgroße grüne Paprikaschoten
2 mittelgroße Tomaten
1 große Gemüsezwiebel
Pflanzenöl
Salz

für die Füllung:
1 kg Hackfleisch vom Schwein
2 gehackte Knoblauchzehen
2 EL Tomatenmark
1 1/2 EL Paniermehl
4 EL gehackte frische Petersilie
1 TL gemahlener Zimt
*1 TL gemahlene Koriandersamen**
1 TL getrocknetes Basilikum
2 Eiweiß
gemahlener schwarzer Pfeffer

für die Sauce:
600 g geschälte, pürierte Tomaten
5 EL Olivenöl
1 gestrichener EL Zucker
4 Blätter gehackter frischer Salbei

◆ *Die Aubergine unregelmäßig schälen, so daß einige Streifen Schale stehenbleiben. In 7 cm lange Stücke schneiden, diese innen aushöhlen, salzen und zur Seite stellen. Den Zucchino in gleicher Weise vorbereiten, jedoch nicht salzen. Von den Paprikaschoten und den Tomaten die Deckel abnehmen und die Kerne entfernen. Die Zwiebel schälen, Boden und Spitze abschneiden und auf einer Seite einschneiden. Vorsichtig nacheinander vier Zwiebelhäute ablösen, ohne sie zu beschädigen, den Rest zur Seite stellen. Zwei Zwiebelschalen jeweils so ineinander stekken, daß sie gefüllt werden können. In einer Pfanne etwas Öl erhitzen und die Auberginen- und Zucchinizylinder sowie die Paprikaschoten rundum leicht anbraten.*
Für die Füllung den Rest der Gemüsezwiebel (etwa 200 g) hacken. 3 EL Öl erhitzen und die Zwiebel mit dem Knoblauch anbraten. Das Hackfleisch dazugeben und braten, bis der Fleischsaft fast verdunstet ist. Den Topf vom Herd nehmen, das Tomatenmark, das Paniermehl und die Petersilie untermischen. Mit dem Zimt, dem Koriander, dem Basilikum, Pfeffer und Salz würzen. Wenn das Fleisch etwas abgekühlt ist, die Eiweiß unterrühren.
Die Gemüsestücke mit dem Fleisch füllen und in eine Backform mit Deckel legen.
Für die Sauce die Tomaten mit dem Olivenöl, dem Zucker, dem Salbei, Pfeffer und Salz vermischen. Über das Gemüse verteilen, die Form schließen und in den auf 180° vorgeheizten Backofen stellen. 20 Minuten garen, den Deckel abnehmen und weitere 5 Minuten überbacken.

Variante
Für dieses Gericht können auch Wein- oder Mangoldblätter, Zucchiniblüten, Artischockenböden und Kreatokóloka* gefüllt werden.*

Champignons mit Hackfüllung

Manitária jemistá me kima

für 4 Personen

16 große Champignons
1 Zitrone
2 EL trockener Sherry
Pflanzenöl
Salz

für die Füllung:
400-450 g Hackfleisch von Rind und Schwein
3 gehackte Zwiebeln
6 Knoblauchzehen
2 EL feingehackte frische Petersilie
2 Eiweiß
1 EL Paniermehl
etwas geriebene Zitronenschale
*1 TL gemahlene Koriandersamen**
1/3 TL gemahlener Zimt
1 Prise gemahlene Gewürznelke
gemahlener weißer Pfeffer
Salz

für die Sauce:
2 EL Margarine
2 EL Weizenmehl
1/2 l Milch
geriebene Muskatnuß
*1/4 TL gemahlene Koriandersamen**
2 Eigelb
*1 Tasse geriebener Kefalotíri**

◆ *Die Stiele der Champignons entfernen und die Köpfe außen mit einer halben Zitrone abreiben. Eine feuerfeste Form mit 1 TL Öl einfetten und die Champignons mit den Lamellen nach oben hineinsetzen. Den Saft der anderen Zitronenhälfte (etwa 3 EL) mit dem Sherry vermischen und über die Champignons träufeln. Salzen.*
Für die Füllung die Zwiebeln in Öl anbraten und abkühlen lassen. Das Hackfleisch mit dem zerdrückten Knoblauch und der Petersilie vermischen. Das Eiweiß unterziehen, das Paniermehl darüberstreuen. Die restlichen Füllungszutaten hinzufügen und alles sorgfältig vermengen.
Die Champignons mit dem Fleisch füllen. Die Form in den auf 200° vorgeheizten Backofen stellen und 30 Minuten garen.
Für die Béchamelsauce die Margarine erhitzen, das Mehl einrühren und hellgelb werden lassen. Die Milch zugeben und mit dem Schneebesen durchschlagen, damit sich keine Klumpen bilden. Einige Minuten köcheln lassen. Mit Muskat und dem Koriander würzen. Die Eigelbe unterziehen, den Käse hinzufügen und alles verrühren.
Die Sauce gleichmäßig über die Champignons gießen und weitere 10 Minuten überbacken.

Kartoffeln mit Hackfleischfüllung
Patátes jemistés me kimá

für 4 Personen

8 große, flache Kartoffeln
2 EL Zitronensaft
Salz

für die Füllung:
500 g mageres Hackfleisch von Rind und Schwein
2 große, gehackte Zwiebeln
2 gehackte Knoblauchzehen
3 EL Pflanzenöl
2 EL gehackte frische Petersilie
1 Tasse gehackte frische Minze
1/3 TL gemahlener Zimt
1/3 TL gemahlener Anis
1/3 TL Basilikum
1 EL Tomatenmark
1 Ei
gemahlener schwarzer Pfeffer

für die Sauce:
1 EL Margarine
1 1/2 EL Weizenmehl
1/3 l Milch
1/4 TL gemahlener Zimt
1 Eigelb
*1 Tasse geriebener Kefalotíri**

◆ *Die Kartoffeln fast gar kochen.*
Für die Füllung die Zwiebeln und den Knoblauch in dem Öl anbraten. Das Fleisch dazugeben und braten. Mit der Petersilie, der Minze, dem Zimt, dem Anis, dem Basilikum, Pfeffer und 1/2 TL Salz würzen. Alles vermischen, vom Herd nehmen und kaltstellen.
Für die Béchamelsauce die Margarine erhitzen, das Mehl einrühren und hellgelb werden lassen. Die Milch zugeben und mit dem Schneebesen durchschlagen, damit sich keine Klumpen bilden. Einige Minuten köcheln lassen. Mit dem Zimt abschmecken. Das Eigelb unterziehen. Zwei Drittel des Käses hinzufügen und gut verrühren.
2 EL Sauce mit dem Tomatenmark und dem Ei unter das Hackfleisch mischen.
Die unter kaltem Wasser abgeschreckten Kartoffeln pellen und aushöhlen. Falls nötig, auf der Unterseite ein wenig abflachen, damit sie einen festen Stand haben. Die ausgehöhlten Kartoffeln zunächst salzen, dann mit Zitronensaft beträufeln. Mit der Hackfleischmischung füllen. Eine Backform einfetten und die Kartoffeln hineinsetzen. Auf jede Kartoffel 1 bis 2 EL Sauce geben und mit dem restlichen Käse bestreuen. 1 Tasse Wasser in die Form gießen und in den auf 190° vorgeheizten Ofen stellen. Etwa 30 Minuten überbacken, bis die Kartoffeln gar sind.

Reis, Nudeln und Purkúri

Rísi, simariká kä purkúri

Tomatenreis
Piláfi me tomáta

für 4 Personen

2 Tassen Langkornreis
1 große, gehackte Zwiebel
2 gehackte Knoblauchzehen
2 EL Olivenöl
3 EL Tomatenmark
4 Tassen Hühnerbrühe
2 EL Zitronensaft
1 Lorbeerblatt
1 Stück Zitronenschale
1 EL Pinienkerne
gemahlener schwarzer Pfeffer
Salz

◆ *Die Zwiebel und den Knoblauch in dem Öl anbraten. Das Tomatenmark hinzufügen, kurz mitbraten, dann mit der Hühnerbrühe ablöschen und den Zitronensaft zugießen. Den Reis hineingeben und mit dem Lorbeerblatt, der Zitronenschale, Pfeffer und Salz würzen. Umrühren und den Reis bei schwacher Hitze quellen lassen. Wenn er gar ist, die Zitronenschale und das Lorbeerblatt entfernen.*
Vor dem Servieren mit den Pinienkernen bestreuen.

Variante
Statt der Zitronenschale kann auch Orangenschale genommen werden.

Gemüsereis
Piláfi me chórta

für 4 Personen

1 1/2 Tassen Langkornreis
3 Tassen Fleischbrühe
2 kleine Möhren
*1 kleine Stange Sellerie**
1 kleine grüne Paprikaschote
1 Stange Porree
1 feingehackte Zwiebel
2 feingehackte Knoblauchzehen
*1 EL Kreuzkümmelsamen**
*3 EL gehacktes Selleriegrün**
Pflanzenöl
gemahlener schwarzer Pfeffer
Salz

◆ *Die Fleischbrühe erwärmen, den Reis hineingeben und quellen lassen, bis er gar ist.*
Die Möhren, den Sellerie und die Paprikaschote fein würfeln. Vom Porree das Grüne entfernen und den hellen Teil kleinschneiden.
Die Möhren, den Sellerie, die Paprikaschote, den Porree, die Zwiebel und den Knoblauch in Öl anbraten. Den Kreuzkümmel kurz mitbraten. Pfeffern und salzen.
Wenn der Reis gar ist, das Gemüse daruntermischen. Vor dem Servieren den Reis mit dem Selleriegrün bestreuen.

Schneckenreis
Piláfi me karaólus

für 4 Personen

2 Tassen Reis
24 gekochte Weinbergschnecken
1 gehackte Zwiebel
3 große, gehackte Knoblauchzehen
Butter
5 EL Zitronensaft
50 g Kräuterbutter
2 EL gehacktes Zwiebelgrün
gemahlener weißer Pfeffer
Salz

◆ *Die Schnecken mit der Zwiebel und dem Knoblauch in Butter andünsten. Den Reis hinzufügen und schwach anrösten. Mit 4 Tassen Wasser ablöschen. Den Zitronensaft, Pfeffer und Salz dazugeben. Umrühren und den Reis quellen lassen, bis er gar ist. Die Kräuterbutter untermischen. Vor dem Servieren mit dem Zwiebelgrün bestreuen.*

Bemerkungen
> Die Zubereitung frischer Schnecken wird im Rezept »Champignons mit Schnecken in Tomatensauce« beschrieben.
> »Schneckenreis« ist im ländlichen Zypern sehr beliebt. Er wird nicht nur mit Achatschnekken, sondern auch mit den kleinen Mittelmeerschnecken mit braun-beige gestreiftem Gehäuse zubereitet. Statt der hier vorgeschlagenen Kräuterbutter verwenden die Bauern Butter und gehackten Portulak mit Knoblauchgrün.*

Spinatreis
Spanachóriso modérno

für 4 Personen

2 Tassen Reis
4 Tassen Fleischbrühe
geriebene Muskatnuß
500 g frischer Spinat
4 EL Pflanzenöl
3 EL Sesamöl
2 gehackte Zwiebeln
2 gehackte Knoblauchzehen
*3 helle Kardamomkapseln**
gemahlener schwarzer Pfeffer
Salz

◆ *Die Fleischbrühe zusammen mit dem Reis, einer Prise Muskat, Pfeffer und Salz kurz aufkochen. Die Hitze verringern und den Reis quellen lassen, bis er gar ist.*
Den Spinat kleinschneiden.
Das Pflanzenöl mit dem Sesamöl vermischen und erhitzen. Die Zwiebeln und den Knoblauch darin anbraten. Sobald sie Farbe annehmen, den Spinat dazugeben. Dünsten, bis er gar ist, dabei gelegentlich wenden.
Den Reis mit dem Spinat vermischen. Die Kardamomkapseln öffnen, die Samen zerstoßen und über den Reis streuen.

Variante
Statt des Kardamoms zum Schluß 1 EL Kräuterbutter auf den Spinatreis geben. Mit Zitronenschnitzen garnieren.

Beilage
*eine Schale Joghurt**

Zitronenreis
Lemonóriso

für 4 Personen

2 Tassen Langkornreis
1 große, gehackte Zwiebel
2 EL Pflanzenöl
4 Tassen Hühnerbrühe
1 EL Zitronensaft
1 TL geriebene Zitronenschale
2 Lorbeerblätter
4 Gewürznelken
gemahlener schwarzer Pfeffer
Salz

◆ *Die Zwiebel in dem Öl braten, bis sie glasig ist. Den Reis dazugeben und unter ständigem Rühren kurz anbraten. Mit der Hühnerbrühe ablöschen und den Zitronensaft hinzufügen. Mit der Zitronenschale, den Lorbeerblättern, den Nelken, Pfeffer und Salz würzen, umrühren und den Reis bei verringerter Hitze quellen lassen, bis er gar ist.*
Die Lorbeerblätter und die Nelken vor dem Servieren entfernen.

Variante

Reis mit Nudeln
Rísi me fidé

◆ *1 1/3 Tassen Reis und 2/3 Tasse Fidés* nehmen und 3 statt 2 EL Öl verwenden. Zunächst die Nudeln anbraten, den Reis ein wenig später hinzufügen.*

Nudeln mit Tomatensauce
Dumátsia i tri me sáltsa tomátas

für 4 Personen

30 Minuten vorher beginnen

*500 g gesiebtes Hartweizenmehl**
1 TL Butter
*3 EL geriebener Challúmi**
Salz

für die Sauce:
750 g vollreife Tomaten
3 EL Olivenöl
1 TL gemahlener Zimt
1 EL Zucker
gemahlener schwarzer Pfeffer

◆ *Für den Nudelteig das Mehl und 1/2 TL Salz vermischen und mit 300 ml Wasser gründlich zu einem Teig verkneten. 30 Minuten in Folie verpackt in den Kühlschrank stellen.*
Den Teig auf einer mit Mehl bestreuten Arbeitsfläche gleichmäßig etwa 2 mm dick ausrollen. Aus dem Teig entweder Quadrate von 2 1/2 mal 2 1/2 cm (dumátsia) oder 1 cm breite und 10 cm lange Streifen (tri) schneiden. Etwas trocknen lassen, so bekommen die Nudeln mehr Biß.
Für die Sauce die Tomaten schälen, in nußgroße Würfel schneiden und mit dem Öl in einen Topf geben. Mit dem Zimt, dem Zucker, Pfeffer und Salz würzen und zum Kochen bringen. Köcheln lassen, bis die Tomaten zerfallen und die Sauce ein wenig eingedickt ist.
1,5 l Salzwasser mit der Butter zum Kochen bringen und die Nudeln etwa 5 Minuten darin garen. Vor dem Servieren die Sauce über die Nudeln geben und mit dem Challúmi bestreuen.

Varianten
> Statt aus Hartweizenmehl, Salz und Wasser kann der Nudelteig auch aus 500 g Weizenmehl, 1/2 TL Salz, 175 ml Wasser und 2 Eiern hergestellt werden.
> Den Challúmi durch Provolone oder Parmesan ersetzen.
> Die Butter weglassen und die Nudeln stattdessen in Hühnerbrühe kochen.

Bemerkungen
> Für die Tomatensauce unbedingt vollreife, süße Tomaten verwenden. Falls nur blasse Treibhaustomaten zur Verfügung stehen, sollte man lieber auf diese Sauce verzichten. Ihr Gelingen hängt wesentlich von der Qualität der Tomaten ab.
> Die Nudeln lassen sich einfrieren und können nach dem Auftauen ohne Geschmacksverlust zubereitet werden.

Käseravioli
Rawióles me challúmi

für 4 Personen

*500 g gesiebtes Hartweizenmehl**
1 1/2 l Hühnerbrühe
Salz

für die Füllung:
*400 g geriebener Challúmi**
3 Eier
1 1/2 TL getrocknete Minze

◆ *Für den Nudelteig das Mehl und 1/2 TL Salz vermischen und mit 300 ml Wasser gründlich zu einem Teig verkneten. 30 Minuten in Folie verpackt in den Kühlschrank stellen.*
Für die Füllung 300 g Challúmi mit den Eiern und der Minze vermischen.
Den Teig auf einer mit Mehl bestreuten Arbeitsfläche gleichmäßig etwa 2 mm dick ausrollen. Auf dem Teig darf kein Mehl vom Ausrollen liegenbleiben. Runde Scheiben mit einem Durchmesser von je 7 cm ausstechen. Auf jede Scheibe 1 TL Füllung geben und in der Mitte umschlagen, so daß ein Halbmond entsteht. Die Ränder mit den Spitzen einer Gabel gut zusammendrükken. Falls nötig, die Kanten begradigen. Die Teigreste zusammenkneten und erneut ausrollen, bis aller Teig verarbeitet ist.
Die Hühnerbrühe erhitzen und die Ravioli hineingeben. 6 Minuten bei verringerter Hitze ziehen lassen. Die Ravioli mit einem Schaumlöffel herausnehmen. Vor dem Servieren reichlich mit dem restlichen Challúmi bestreuen.

Varianten
> Statt aus Hartweizenmehl, Salz und Wasser kann der Nudelteig auch aus 500 g Weizenmehl, 1/2 TL Salz, 175 ml Wasser und 2 Eiern hergestellt werden.
> Statt des Challúmi kann man für die Füllung 100 g frisch geriebenen Parmesan oder Grano Padano und 200 g Mozzarella verwenden. In diesem Fall zum Bestreuen einen anderen milden, jungen Schnittkäse, zum Beispiel jungen Gouda, nehmen.

Bemerkung
Die Ravioli können sofort, aber auch mehrere Stunden nach der Zubereitung gekocht werden.

Zyprische Lasagne
Lasánia kipriaká

für 4 Personen

500 g Weizenmehl
175 ml Milch
2 Eier
Paniermehl
Salz

für die Füllung:
*350 g gewürfelte Lukánika**
1 gehackte Zwiebel
350 g Tatar
3 EL gehackte frische Petersilie
2 EL gehackte schwarze Oliven
2 EL Tomatenmark
Pflanzenöl
gemahlener schwarzer Pfeffer

für die Béchamelsauce:
3 EL Margarine
3 EL Weizenmehl
3/4 l Milch
1/3 TL geriebene Muskatnuß
Zucker
3 Eigelb
*2 Tassen geriebener Kefalotíri**

◆ *Für den Nudelteig das Mehl und 1/2 TL Salz vermischen. Erst die Milch, dann die Eier unterkneten. 30 Minuten in Folie verpackt in den Kühlschrank stellen.*
Für die Füllung die Wurst mit der Zwiebel in Öl anbraten. Das Tatar und die Petersilie beifügen und unter ständigem Wenden garen. Zum Schluß die Oliven und das Tomatenmark dazugeben und mit Pfeffer würzen. Vom Herd nehmen und zur Seite stellen.
Für die Béchamelsauce die Margarine erhitzen, das Mehl einrühren und hellgelb werden lassen. Die Milch zugeben und mit dem Schneebesen durchschlagen, damit sich keine Klumpen bilden. Einige Minuten köcheln lassen. Mit dem Muskat und einer Prise Zucker würzen. Die Eigelbe unterziehen, 1 Tasse Käse hinzufügen und alles gut verrühren.
Den Teig auf einer mit Mehl bestreuten Arbeitsfläche gleichmäßig etwa 2 mm dick ausrollen. Auf dem Teig darf kein Mehl vom Ausrollen liegenbleiben. In 7 mal 7 cm große Stücke schneiden. 2 l Salzwasser zum Kochen bringen und darin die Nudeln etwa 4 Minuten ziehen lassen, bis sie gar sind.
Eine feuerfeste Form einfetten und mit Paniermehl ausstreuen. Zunächst eine Schicht Nudelplatten hineinlegen. Mit Béchamelsauce dünn bestreichen, ein Drittel der Füllung darauf verteilen und mit Sauce bedecken. Abwechselnd weitere Schichten Nudeln, Béchamelsauce und Füllung in die Form geben. Mit einer Nudelschicht und Sauce abschließen und mit dem restlichen Käse bestreuen.
In dem auf 200° vorgeheizten Ofen etwa 30 Minuten überbacken.

Hackfleischtaschen »Novizen«
Kaloirká

für 4 Personen

500 g Weizenmehl
175 ml Milch
2 Eier
2 l Hühnerbrühe
*geriebener Challúmi**
Salz

für die Füllung:
750 g Tatar
*150 g Chiroméri**
3 mittelgroße, feingehackte Zwiebeln
6 EL feingehackte frische Petersilie
Cayennepfeffer
geriebene Muskatnuß
1 Ei
2 EL Paniermehl
2 EL Kondensmilch
Pflanzenöl

für die Sauce:
*1 kleine Stange Sellerie**
1 große, sehr fein gehackte Zwiebel
2 EL sehr fein gehackte frische Petersilie
4 EL Olivenöl
1 kg geschälte Tomaten
2 Lorbeerblätter
1 Stange Zimt
1 TL Basilikum
1 EL Zucker
gemahlener schwarzer Pfeffer

◆ *Für den Nudelteig das Mehl und 1/2 TL Salz vermischen. Erst die Milch, dann die Eier unterkneten. 30 Minuten in Folie verpackt in den Kühlschrank stellen.*
Für die Füllung den Schinken sehr klein schneiden. Die Zwiebeln in etwas Öl anbraten. Die Petersilie zugeben. Wenn die Petersilie dunkel zu werden beginnt, das Tatar und den Schinken hinzufügen und anbraten. Das Fleisch vom Herd nehmen, mit einer Prise Cayennepfeffer, zwei Prisen Muskat und Salz würzen und abkühlen lassen.
Für die Sauce den Sellerie sehr klein schneiden. Zusammen mit der Zwiebel und der Petersilie in dem Olivenöl anbraten. Die gewürfelten Tomaten hinzugeben. Mit den Lorbeerblättern, dem Zimt, dem Basilikum, Pfeffer und Salz würzen und etwa 30 Minuten köcheln lassen. Die Lorbeerblätter und die Zimtstange entfernen und nach Geschmack mit Zucker nachsüßen.
Während die Sauce köchelt und das Fleisch noch abkühlt, den Nudelteig auf einer mit Mehl bestreuten Arbeitsfläche gleichmäßig etwa 2 mm dick ausrollen. Runde Scheiben von etwa 7 cm Durchmesser ausstechen.
Wenn das Fleisch genügend abgekühlt ist, das Ei, das Paniermehl und die Kondensmilch untermischen.
Dann auf jede Teigscheibe 1 TL Füllung geben und in der Mitte umschlagen, so daß ein Halbmond entsteht. Die Ränder mit den Spitzen einer Gabel gut zusammendrücken. Falls nötig, die Kanten begradigen. Die Teigreste zusammenkneten und erneut ausrollen, bis aller Teig verarbeitet ist.
Die Hühnerbrühe erhitzen und die Fleischtaschen hineinlegen. 6 Minuten bei verringerter Hitze ziehen lassen, mit einem Schaumlöffel herausnehmen und in eine Schüssel geben. Mit der Tomatensauce übergießen. Zum Servieren reichlich mit dem Challúmi bestreuen.

Variante
Den Challúmi durch Provolone ersetzen.

Bemerkung
Wenn man die Fleischtaschen nur 4 Minuten ziehen läßt und sie dann schichtweise mit der Sauce in einer Mikrowellenform anrichtet, lassen sie sich ohne nennenswerten Geschmacksverlust zu einem späteren Zeitpunkt im Mikrowellenherd erwärmen.

Weizengrütze mit Rosinen

Purkúri me stafidákia

für 4 Personen

*2 Tassen Purkúri**
3 gehackte Zwiebeln
3 1/2 Tassen Fleischbrühe
1 Tasse geschälte, gewürfelte Tomaten
3 EL Rosinen
1/4 TL gemahlener Piment
1/4 TL geriebene Muskatnuß
2 EL gehackte Walnüsse
Pflanzenöl
Salz

◆ *Die Zwiebeln in Öl goldbraun braten und mit der Fleischbrühe ablöschen. Die entkernten Tomaten hinzufügen. Das Purkúri und die Rosinen hineinstreuen und mit dem Piment, dem Muskat und Salz würzen. Die Hitze verringern und das Purkúri quellen lassen, ohne daß es kocht.*
Vor dem Servieren die Walnüsse über das Purkúri streuen.

Variante
Die Walnüsse durch geröstete Pinienkerne ersetzen.

Weizengrütze nach Hausfrauenart

Purkúri próchiro

für 4 Personen

*2 Tassen Purkúri**
2 große, gehackte Zwiebeln
3 EL Pflanzenöl
3 EL Tomatenmark
*100 g geriebener Kefalotíri**
Salz

◆ *Die Zwiebeln in dem Öl anbraten und mit 3 1/2 bis 4 Tassen Wasser ablöschen. Das Purkúri hinzufügen, salzen, umrühren und bei mittlerer Hitze quellen lassen, ohne daß es kocht. Vom Herd nehmen, das Tomatenmark und den Käse untermischen und servieren.*

Variante
Statt des Kefalotíri kann mittelalter Gouda verwendet werden.

Weizengrütze mit Kreuzkümmel

Purkúri me artisiá

für 4 Personen

*2 Tassen mittelfeines Purkúri**
2 gehackte Zwiebeln
4 halbierte Knoblauchzehen
2 EL Pflanzenöl
*1 TL Kreuzkümmelsamen**
Salz

◆ *Die Zwiebeln und den Knoblauch in dem Öl anbraten, den Kreuzkümmel dazugeben und etwa 1 Minute mitrösten. Das Purkúri hinzufügen und gut umrühren, damit das Öl die Körner rundum bedeckt. Mit 3 1/2 bis 4 Tassen Wasser ablöschen und salzen. Die Hitze verringern und das Purkúri quellen lassen, ohne daß es kocht.*

Variante
Statt des Kreuzkümmels können andere Gewürze verwendet werden, zum Beispiel gemahlene Koriandersamen. Paprika und Muskatblüte, die sich ebenfalls eignen, sollten allerdings nicht gebraten werden.*

Weizengrütze für »Afélia«

Purkúri jiá afélia

für 4 Personen

*2 Tassen mittelfeines Purkúri**
3 gehackte Zwiebeln
Schmalz
*1 TL gemahlene Koriandersamen**
45 g Tomatenmark
*3/4 Tasse geriebener Challúmi**
gemahlener schwarzer Pfeffer
Salz

◆ *Die Zwiebeln in sehr wenig Schmalz anbraten, bis sie braun werden. Den Koriander hinzufügen und kurz mitbraten. Mit 4 Tassen Wasser ablöschen, das Purkúri hineingeben, pfeffern und salzen. Umrühren, die Hitze verringern und das Purkúri quellen lassen, ohne daß es kocht. Wenn es gar ist, vom Herd nehmen und das Tomatenmark und den Käse unterrühren.*

Variante
Den Challúmi durch mittelalten Gouda ersetzen.

Kartoffelgerichte
Patátes

Gemüsekartoffeln
Patátes polipíkiles

für 4 Personen

500 g mittelgroße Kartoffeln
100 g Auberginen
100 g Zucchini
70 g Paprikaschote
5 EL Olivenöl
6 EL gehackte frische Petersilie
6 Knoblauchzehen
10 schwarze Oliven
2 große, gehackte Zwiebeln
250 g geschälte, pürierte Tomaten
1 EL gehackter frischer Thymian
1 TL gehackter frischer Salbei
1 TL Tomatenmark
*2 EL gehacktes Selleriegrün**
gemahlener schwarzer Pfeffer
Salz

◆ *Die Auberginen und die Zucchini ungeschält in kleine Würfel und die Paprikaschote in Streifen schneiden.*
Eine ausreichend große Backform mit 1 EL Öl einfetten. Die Hälfte der Petersilie hineinstreuen. Den Boden der Form mit den Kartoffeln belegen. In die Lücken die Knoblauchzehen und Oliven stecken, die Zwiebeln darüber verteilen. Auberginen, Zucchini und Paprika daraufschichten. Die Tomaten mit dem Thymian, dem Salbei, Pfeffer und Salz, 4 EL Öl und dem Tomatenmark vermischen und über das Gemüse geben. Die Backform mit einem Deckel schließen und in den auf 180° vorgeheizten Backofen stellen. 60 bis 90 Minuten garen. Alle 20 Minuten die Kartoffeln wenden. Während der letzten 20 Minuten nicht zudecken, damit die Sauce einkochen kann. Vor dem Servieren mit dem Selleriegrün bestreuen.

Kartoffeln mit Rosmarin
Patátes jiachní me lasmarí

für 4 Personen

750 g große, längliche Kartoffeln
8 EL Olivenöl
2 EL gewürfelter Räucherspeck
2 große, grobgehackte Zwiebeln
400 g geschälte Tomaten
1 EL frische Rosmarinnadeln
1/2 TL Origano
gemahlener schwarzer Pfeffer
Salz

◆ *Die Kartoffeln der Länge nach vierteln. In einem Fleischtopf das Öl erhitzen und die Kartoffeln darin goldbraun braten, herausnehmen und zur Seite stellen. Den Speck mit den Zwiebeln im verbliebenen Öl anbraten. Wenn die Zwiebeln braun sind, die Kartoffeln in den Topf zurückgeben und mit den gewürfelten Tomaten ablöschen. Mit dem Rosmarin, dem Origano, Pfeffer und Salz würzen, umrühren und zudecken. Bei schwacher Hitze köcheln lassen, bis die Kartoffeln gar sind. Falls nötig, Wasser nachgießen. Die Flüssigkeit sollte jedoch bis zum Schluß weitgehend verdampft sein.*

Kartoffeln in Tomatensauce

Patátes jiachní

für 4 Personen

750 g Kartoffeln
5 EL Pflanzenöl
3 gehackte Zwiebeln
*3 EL gehacktes zartes Selleriegrün**

für die Sauce:
*1 Stange Sellerie**
2 große, gehackte Zwiebeln
3 EL Olivenöl
400 g vollreife Tomaten
2 Lorbeerblätter
1/2 TL gemahlener Zimt
1 TL Origano
1/2 TL Zucker
etwa 2 TL Tomatenmark
gemahlener schwarzer Pfeffer
Salz

◆ *Für die Sauce den Sellerie kleinschneiden. Die Zwiebeln in dem Olivenöl anbraten. Sobald sie etwas Farbe bekommen, den Sellerie hinzufügen und mitbraten. Mit den geschälten, pürierten Tomaten ablöschen und mit den Lorbeerblättern, dem Zimt, dem Origano, dem Zucker, Pfeffer und Salz würzen. Die Sauce etwa 15 Minuten bei schwacher Hitze köcheln lassen. Zum Schluß mit dem Tomatenmark abschmecken.*
Die Kartoffeln in 3 cm große Würfel schneiden oder entsprechend kleine Kartoffeln verwenden.
In einem breiten Topf das Pflanzenöl erhitzen und die Kartoffeln hineingeben. Sie sollten alle den Boden berühren. Wenn die Kartoffeln goldbraun sind, die Zwiebeln dazugeben und mitbraten.
Die Lorbeerblätter aus der Sauce entfernen und die Sauce über die Kartoffeln gießen. Bei schwacher Hitze köcheln lassen, bis die Kartoffeln gar sind und die Sauce eingekocht ist. Falls nötig, Wasser zugießen. Gelegentlich umrühren.
Zum Servieren mit etwas Selleriegrün bestreuen.

Gratinierte Kartoffeln mit Kräutern

Patátes me prásina

für 4 Personen

750 g Kartoffeln
1 TL Pflanzenöl
2 EL Margarine
2 Eier
*250 g Joghurt**
2 EL gehackte frische Petersilie
2 EL gehacktes Zwiebelgrün
*2 EL gehacktes Selleriegrün**
*50 g geriebener Kefalotíri**
gemahlener schwarzer Pfeffer
Salz

◆ *Die Kartoffeln in 2 bis 3 mm dicke Scheiben schneiden. Eine Backform mit dem Öl einfetten. Die Kartoffelscheiben darin dekorativ verteilen und Margarineflöckchen daraufsetzen. Die Eier unter den Joghurt rühren und die Petersilie, das Zwiebel- und das Selleriegrün hinzufügen. Pfeffern und salzen. Diese Mischung über die Kartoffeln verteilen, die Form mit einem Deckel schließen und in den auf 190° vorgeheizten Ofen stellen. Eine Stunde backen. Öffnen und den Käse darüberstreuen. Weitere 20 Minuten offen überbacken.*

Varianten
> *Das Zwiebelgrün durch Schnittlauch ersetzen.*
> *Statt des Kefalotíri kann Provolone verwandt werden.*

Fächerkartoffeln im Backofen
Patátes fiseró

für 4 Personen

750 g große, längliche Kartoffeln
50 g Möhre
*50 g Staudensellerie**
50 g Apfel
1 große, gehackte Zwiebel
2 gehackte Knoblauchzehen
1/2 TL milder Paprika
1/2 TL gemahlener Zimt
*1/2 TL gemahlene Koriandersamen**
1/2 TL gemahlene gelbe Senfkörner
1/2 TL Basilikum
1/2 TL Origano
90 ml Pflanzenöl
3 EL Zitronensaft
15-20 Champignons
gemahlener schwarzer Pfeffer
Salz

◆ *Die Möhre, den Sellerie und den Apfel in kleine Würfel schneiden. In einer Backform mit Deckel ausbreiten, die Zwiebel und den Knoblauch darüberstreuen. Die Kartoffeln auf einer Seite in Abständen von 4 mm mehrmals parallel bis zu zwei Dritteln ihres Umfangs einschneiden. Mit den Einschnitten nach oben auf das Gemüse legen.*
In einer Schüssel den Paprika, den Zimt, den Koriander, den Senf, das Basilikum, den Origano, Pfeffer und Salz mit dem Öl, dem Zitronensaft und schließlich 100 ml Wasser verrühren. Die Kartoffeln damit übergießen. Die Form schliessen und in den auf 180° vorgeheizten Backofen stellen. 50 Minuten garen. Den Deckel entfernen, die Kartoffeln mit dem Sud begießen und die Champignons zwischen den Kartoffeln verteilen. Weitere 10 bis 15 Minuten offen garen.

Gebackene Kartoffeln in Brühe
Patátes fétes me tigánisi

für 4 Personen

750 g Kartoffeln
zerstoßene Rosmarinnadeln
16 schwarze Oliven
1 Tasse kräftige, gesalzene Fleischbrühe
2 große Zwiebeln
Pflanzenöl
gemahlener schwarzer Pfeffer

◆ *Die Kartoffeln in 2 bis 3 mm dicke Scheiben schneiden. In einer Backform mit Deckel dekorativ verteilen. Etwas Rosmarin und Pfeffer darüberstreuen. Die Oliven gleichmäßig verteilen und die Fleischbrühe, die durchaus ein wenig fett sein darf, darübergießen. Schließen, in den auf 190° vorgeheizten Backofen stellen und etwa eine Stunde garen. Öffnen und kurz überbacken. Unterdessen die Zwiebeln in Ringe schneiden und in etwas Öl goldbraun braten. Vor dem Servieren über die Kartoffeln verteilen.*

Ofenkartoffeln
Patátes tu fúrnu

für 4 Personen

750 g mittelgroße, längliche Kartoffeln
8 Knoblauchzehen
1/2 Tasse Pflanzenöl
1/2 Glas trockener Rotwein
1/2 TL gemahlener Zimt
gemahlener schwarzer Pfeffer
Salz

◆ *Die Kartoffeln mehrfach parallel einschneiden und in eine Backform mit Deckel setzen. Die Knoblauchzehen in den Lücken verteilen. Das Öl mit dem Wein und 1/2 Tasse Wasser vermischen und über die Kartoffeln gießen. Den Zimt, Pfeffer und Salz darüberstreuen, die Form schließen und in den auf 200° vorgeheizten Backofen stellen. Die Kartoffeln 45 Minuten garen, dabei alle 15 Minuten wenden. Dann die Form offen lassen und weitere 30 Minuten backen, bis sie gar und rundum braun sind. Es bleibt wenig Flüssigkeit übrig.*

Variante
Nach Geschmack den Zimt durch entweder 1/2 TL Origano, 1/2 TL gemahlene Koriandersamen, eine pürierte Zwiebel oder eine Mischung aus Rosmarin und Bratensaft ersetzen.*

Ofenkartoffeln nach Bauernart
Patátes tu fúrnu choriátikes

für 4 Personen

750 g mittelgroße, längliche Kartoffeln
8 Knoblauchzehen
*1 Stange Sellerie**
1 große Möhre
1/2 TL gemahlener Zimt
1/2 Tasse Pflanzenöl
1 EL Tomatenmark
4 große Fleischtomaten
gemahlener schwarzer Pfeffer
Salz

◆ *Die Kartoffeln mehrfach parallel einschneiden und in eine Backform mit Deckel setzen. Die Knoblauchzehen in den Lücken verteilen. Den Sellerie und die Möhre kleinschneiden und zwischen die Kartoffeln legen. Mit dem Zimt, Salz und Pfeffer würzen. Das Öl mit 1/2 Tasse Wasser und dem Tomatenmark verrühren und über die Kartoffeln gießen. Die Form schließen und in den auf 200° vorgeheizten Backofen stellen. Die Kartoffeln 45 Minuten garen, dabei alle 15 Minuten wenden. Die Tomaten kreuzförmig anschneiden und zwischen die Kartoffeln setzen. Die Form offen lassen und weitere 30 Minuten backen, bis alles gar ist. Es bleibt wenig Flüssigkeit übrig.*

»Geschüttelte« Kartoffeln
Patátes andinachtés

für 4 Personen

600 g gleichmäßig kleine Frühkartoffeln
1/2 Tasse Pflanzenöl
1 Glas lieblicher Weißwein
*2 1/2 EL geschrotete Koriandersamen**
Salz

◆ *Die ungeschälten Kartoffeln gründlich waschen und abtrocknen. Einen breiten Topf mit Deckel verwenden, in dem alle Kartoffeln gleichzeitig den Boden berühren können, und das Öl darin erhitzen. Die Kartoffeln in den Topf legen und unter ständigem Schütteln von allen Seiten gleichmäßig braun anbraten. Die Hälfte des Weins zugeben, zudecken und einige Minuten köcheln lassen. Öffnen, schütteln und den Wein verdunsten lassen. Die Kartoffeln wieder kurz braten, so daß sich eine Kruste bildet. Den restlichen Wein hinzugießen, mit dem Koriander und einer Prise Salz bestreuen und zudecken. Bei schwacher Hitze köcheln lassen, bis die Kartoffeln gar sind. Den Topf öffnen und den Wein völlig verdunsten lassen. Die Kartoffeln nochmals braten, bis sich wieder eine Kruste bildet. Überschüssiges Öl abgießen und servieren.*

Variante
Auf die gleiche Art lassen sich Púlles, die leicht süßlichen Ausläuferknollen der Kolokasie*, zubereiten.*

Kartoffeln »Tawás«
Patátes tawás

für 4 Personen

600 g mittelgroße Kartoffeln
600 g Schalotten
6 Knoblauchzehen
*1 TL Kreuzkümmelsamen**
2 Lorbeerblätter
300 g vollreife Tomaten
5 EL Bratenfond
1/2 TL gemahlener Zimt
1/2 TL Majoran
gemahlene Gewürznelke
Pflanzenöl
gemahlener schwarzer Pfeffer
Salz

◆ *Die Kartoffeln in heißem Öl goldbraun braten. Herausnehmen und in eine feuerfeste Form mit Deckel legen. Die Schalotten und die Knoblauchzehen im verbliebenen Öl rundum anbraten, den Kreuzkümmel kurz mitbraten. Alles zwischen den Kartoffeln verteilen. Die Lorbeerblätter dazulegen. Die geschälten Tomaten kleinschneiden und den Bratenfond sowie 5 EL Wasser dazugeben. Mit dem Zimt, dem Majoran, einer Prise Nelke, Pfeffer und Salz würzen und über die Kartoffeln gießen. Schließen und in den auf 200° vorgeheizten Backofen stellen. Eine Stunde garen. Nach der Hälfte der Zeit die Kartoffeln einmal wenden.*

Hülsenfrüchte
Óspria

Linsen mit Gemüse
Fakés me chórta

für 4 Personen

300 g Linsen
2 große Zwiebeln
75 g Möhren
*75 g Staudensellerie**
3 feingehackte Knoblauchzehen
50 g Pistazien
*1 TL grobgemahlene Koriandersamen**
Cayennepfeffer
2 EL Kapern
Pflanzenöl
gemahlener schwarzer Pfeffer
Salz

◆ *Die Linsen in so wenig Wasser wie möglich garen.*
Eine der Zwiebeln in Ringe schneiden und wässern.
Die Möhren und den Sellerie kleinschneiden und mit der anderen, gehackten Zwiebel und dem Knoblauch in heißem Öl anbraten. Die Pistazien und den Koriander kurz miträsten. Die gekochten Linsen hinzufügen und weiterhin etwas Flüssigkeit verdampfen lassen. Mit einer Prise Cayennepfeffer, Pfeffer und Salz abschmecken.
Zum Garnieren die Zwiebelringe zerteilen. Die Linsen in der Mitte mit den Kapern und am Außenrand mit den Zwiebelringen dekorieren.

Linsen mit Zwiebelringen
Fakés mudséndra

für 4 Personen

300 g Linsen
2 EL Zitronensaft
300 g Zwiebelringe
100 ml Erdnußöl
2-3 Zitronen
gemahlener schwarzer Pfeffer
Salz

◆ *Die Linsen waschen und 20 Minuten in 660 ml Wasser garen. Den Topf vom Herd nehmen und die Linsen mit dem Zitronensaft, Pfeffer und Salz würzen.*
Die Zwiebelringe in dem Öl kräftig anbraten. Je nach Geschmack mehr oder weniger Zwiebelöl heiß auf die gekochten Linsen gießen und gut untermischen. Die Zwiebelringe darübergeben und servieren.
Die Zitronen vierteln und dazu reichen.

Variante
75 g Linsen durch 75 g Reis ersetzen.

◆ *Die Linsen mit dem Lorbeerblatt, der Nelke und dem Ingwer in so wenig Wasser wie möglich garen.*
Den Speck würfeln und in Öl anbraten. Die Möhren, den Sellerie und die ungeschälten Zucchini kleinschneiden und zugeben. Die Zwiebel, den Knoblauch und die Pfefferschote hinzufügen und alles kurz anbraten. Den Koriander zum Schluß mitbraten. Mit dem Basilikum, dem Thymian und dem Origano würzen, pfeffern und salzen. Mit dem Essig ablöschen. Wenn die Linsen gar sind, das Gemüse hinzufügen und alles gut vermischen.

Bemerkung
Man kann der Pfefferschote etwas ihrer Schärfe nehmen, indem man die Kerne entfernt.

Feurige Linsen
Fakés pikándikes

für 4 Personen

300 g Linsen
1 Lorbeerblatt
1/4 TL gemahlene Gewürznelke
1/2 TL gemahlener Ingwer
100 g durchwachsener Räucherspeck
75 g Möhren
*75 g Staudensellerie**
75 g Zucchini
1 große, gehackte Zwiebel
4 gehackte Knoblauchzehen
1 feingehackte Pfefferschote
*1/2 TL gemahlene Koriandersamen**
1 EL gehacktes frisches Basilikum
1 EL gehackter frischer Thymian
1 EL gehackter frischer Origano
2-3 EL Rotweinessig
Pflanzenöl
gemahlener schwarzer Pfeffer
Salz

Kichererbsen mit Kreuzkümmel
Rewíthia me artisiá

für 4 Personen

am Vortag beginnen

250 g Kichererbsen
5 mittelgroße, gehackte Zwiebeln
5 gehackte Knoblauchzehen
*1/2 TL Kreuzkümmelsamen**
*1/2 TL gemahlener Kreuzkümmel**
2 EL Zitronensaft
2 EL gehackte frische Petersilie
Pflanzenöl
gemahlener schwarzer Pfeffer
Salz

◆ *Die Kichererbsen über Nacht einweichen. Am nächsten Tag im Einweichwasser kochen. Den Schaum abschöpfen.*
Etwas Öl erhitzen. Die Zwiebeln mit dem Knoblauch und den Kreuzkümmelsamen anbraten. Wenn die Kichererbsen gar sind, das Wasser abgießen, die Kichererbsen zu den Zwiebeln geben und gut untermischen. Mit dem gemahlenen Kreuzkümmel, Pfeffer, Salz und dem Zitronensaft abschmecken. Vor dem Servieren mit der Petersilie bestreuen.

Kichererbsen »Plakí«
Rewíthia plakí

für 4 Personen

am Vortag beginnen

250 g Kichererbsen
150 g Möhren
*150 g Staudensellerie**
250 g geschälte Tomaten
1 große, gehackte Zwiebel
3 gehackte Knoblauchzehen
5 EL Olivenöl
1 EL gehacktes frisches Basilikum
1 Lorbeerblatt
2 TL Tomatenmark
4 EL gehackte frische Petersilie
10 entkernte schwarze Oliven
gemahlener schwarzer Pfeffer
Salz

◆ *Die Kichererbsen über Nacht einweichen. Am nächsten Tag 2 cm hoch mit Wasser bedekken und kurz aufkochen. Den Schaum abschöpfen.*
Die Möhren, den Sellerie und die Tomaten kleinschneiden und mit der Zwiebel, dem Knoblauch und dem Öl zu den Kichererbsen geben. Mit dem Basilikum, dem Lorbeerblatt, Pfeffer und Salz würzen und köcheln lassen. Gegen Ende der Kochzeit die Hitze verringern, weil das Gericht zum Anbrennen neigt. Gelegentlich umrühren. Zum Schluß mit dem Tomatenmark andicken. Die Petersilie unter das Gericht mischen und mit den Oliven garnieren.

Siachurúthkia
(Zucchiniart)

Okras

Kreatokóloka
(Zucchiniart)

Fächerkartoffeln
(Patátes fisseró)

Artischocken
in Tomatensauce
(Anginári̱es jiachní)

Gefüllte
Weinblätter
(Kupépia)

Kichererbsen aus Panajiá

Rewíthia Panajiás

für 4 Personen

am Vortag beginnen

250 g Kichererbsen
1/2 l Hühnerbrühe
75 g Porree
*75 g Staudensellerie**
250 g geschälte Tomaten
75 g gehackte Zwiebeln
4 gehackte Knoblauchzehen
1/2 Bund Petersilie
2 EL gehacktes frisches Basilikum
4 EL Olivenöl
20 grüne Bohnen
1 große Aubergine
1 TL Tomatenmark
*3 EL gehacktes Selleriegrün**
10 schwarze Oliven
gemahlener schwarzer Pfeffer
Salz

◆ *Die Kichererbsen über Nacht einweichen.*
Am nächsten Tag im Einweichwasser kurz aufkochen. Das Wasser mit dem Schaum abgießen. Stattdessen die Hühnerbrühe zugeben.
Den Porree, den Sellerie und die Tomaten kleinschneiden und mit den Zwiebeln und dem Knoblauch zu den Kichererbsen geben. Mit der Petersilie, dem Basilikum, Pfeffer und Salz würzen und das Öl hinzugießen. Etwa 40 Minuten köcheln lassen. Falls nötig, Wasser hinzufügen.
Inzwischen die Bohnen in 3 cm lange Stücke schneiden und die ungeschälte Aubergine grob würfeln. Zunächst die Bohnen zu den Kichererbsen geben. Nach 10 Minuten die Aubergine hinzufügen und weitere 10 Minuten kochen. Mit dem Tomatenmark andicken.
Vor dem Servieren mit dem Selleriegrün und den Oliven garnieren.

Bemerkung
Je fester die Konsistenz, desto besser schmeckt das Gericht. Allerdings brennt es dann leicht an. Die Frauen auf dem Land kochen das Gericht lange vor dem Essen und halten es über eine Stunde im Backofen warm. Dabei verdunstet die restliche Flüssigkeit. Man kann auch die Flüssigkeit von vornherein gering halten und die Kichererbsen in den Mikrowellenherd stellen, sobald die Aubergine beigefügt wurde.

Gebackene weiße Bohnen

Jígantes tu fúrnu

für 4 Personen

am Vortag beginnen

300 g große weiße Bohnen
400 g reife Tomaten
*2 EL gehackter Staudensellerie**
3 EL gehackte Möhren
2 EL gehackte Zwiebeln
3 gehackte Knoblauchzehen
5 EL Olivenöl
2 EL Tomatenmark
1 EL Zucker
1 TL gemahlener Zimt
2 EL gehacktes frisches Bohnenkraut
*1 EL gehacktes Selleriegrün**
2 EL gehacktes frisches Basilikum
3 EL geriebener, fester Féta
5 schwarze Oliven
2 EL gehackte frische Petersilie
gemahlener schwarzer Pfeffer
Salz

◆ *Die Bohnen über Nacht einweichen.*
Am nächsten Tag in Salzwasser fast gar kochen. Das überschüssige Wasser abgießen.
Währenddessen die geschälten Tomaten kleinschneiden. Den Sellerie und die Möhren mit den Zwiebeln und dem Knoblauch in dem Öl anbraten. Das Tomatenmark kurz mitbraten. Mit den Tomaten ablöschen. Mit dem Zucker, dem Zimt, dem Bohnenkraut, dem Selleriegrün, dem Basilikum, Pfeffer und Salz würzen und etwas einkochen lassen. Die Bohnen hinzufügen, alles gut mischen und in eine Backform mit Deckel geben. Den Féta in der Mitte verteilen. Die Form schließen und in den auf 180° vorgeheizten Ofen stellen. 20 Minuten lang überbacken.
Zum Servieren die Oliven auf den Féta legen und den äußeren Rand mit der Petersilie bestreuen.

Variante
Statt des Backofens kann der Mikrowellenherd benutzt werden. In diesem Fall 10 Minuten bei 75 Prozent der vollen Leistung überbacken.

Bemerkung
Auf Zypern gibt es neben anderen eine Sorte weiße Bohnen, die größere Kerne bildet. Wenn diese Bohnen nicht zur Verfügung stehen, können die in Deutschland handelsüblichen weißen Bohnen verwandt werden.

Weiße Bohnen nach Seemannsart
Fasólia karawísia

Dieses Gericht wird auf Zypern auch unter den Namen *»Fasólia soliátika«* oder *»Fasólia jiachní«* angeboten. Wenn das Gericht mit Butterbohnen hergestellt wird, heißt es *»Fasólia plakí«*.

für 4 Personen

am Vortag beginnen

250 g weiße Bohnen
1 Lorbeerblatt
1 große Möhre
*1 Stange Sellerie**
2 gehackte Zwiebeln
3 gehackte Knoblauchzehen
5 EL Olivenöl
250 g vollreife Tomaten
1 TL Tomatenmark
nach Geschmack:
1/2 TL Honig
2 EL gewürfelter Räucherspeck
1/2 Bund Petersilie
10 entkernte schwarze Oliven
gemahlener schwarzer Pfeffer
Salz

◆ *Die Bohnen über Nacht einweichen.*
Am nächsten Tag 2 cm hoch mit Wasser bedekken, das Lorbeerblatt hinzufügen und aufkochen. Die Möhre und den Sellerie kleinschneiden und mit den Zwiebeln und dem Knoblauch im heißen Öl anbraten.
Wenn die Bohnen halb gar sind, das angebratene Gemüse mit dem Fett zugeben. Die geschälten, pürierten Tomaten hinzufügen. Pfeffern und salzen. Köcheln lassen, bis die Bohnen gar sind und das Gemüse weitgehend zerfallen ist. Gegen Ende bei verringerter Hitze garen, um ein Anbrennen zu vermeiden. Mit dem Tomatenmark andicken. Je nach Geschmack die Süße der Tomaten mit dem Honig abrunden.
Die Speckwürfel auslassen. Die Petersilie unter das Gericht mischen, mit den Speckwürfeln bestreuen und mit den Oliven garnieren.

Gebratene weiße Bohnen
Fasólia xirá tu tiganiú

für 4 Personen

am Vortag beginnen

250 g weiße Bohnen
3 Zwiebeln
75 g Möhren
*75 g Staudensellerie**
3 feingehackte Knoblauchzehen
*1 TL grobgemahlene Koriandersamen**
1 EL gehackter frischer Thymian
1 EL gehackter frischer Origano
2 EL gehackte frische Petersilie
1 Zitrone
Pflanzenöl
gemahlener schwarzer Pfeffer
Salz

◆ *Die Bohnen über Nacht einweichen.*
Am nächsten Tag in so wenig Wasser wie möglich garen.
2 Zwiebeln – etwa mittelgroß – zum Garnieren in feine Ringe schneiden und wässern.
Die Möhren und den Sellerie kleinschneiden, die dritte, große Zwiebel hacken und mit dem Knoblauch und dem Koriander in Öl anbraten.
Die gekochten Bohnen zu den Möhren und dem Sellerie in die Pfanne geben und mit dem Thymian, dem Origano und der Petersilie würzen. Umrühren und weiter Flüssigkeit verdampfen lassen. Pfeffern und salzen.
Zum Servieren die Bohnen mit den Zwiebelringen garnieren. Die Zitrone vierteln und dazu reichen.

Gemüse
Lachaniká

Artischocken in Tomatensauce

Angináres jiachní

für 4 Personen

12 Artischocken
1 Zitrone
Zitronensaft
2 große, gehackte Zwiebeln
2 gehackte Knoblauchzehen
5 EL Pflanzenöl
400 g geschälte, pürierte Tomaten
1/2 Tasse Hühnerbrühe
*3 EL Commandaría**
1 TL Tomatenmark
1 EL gehackte frische Petersilie
gemahlener schwarzer Pfeffer
Salz

◆ *Von jungen Artischocken den Stiel 2 cm unterhalb des Blütenbodens, bei größeren Artischocken unmittelbar am Boden abschneiden. Die Blätter abzupfen. Mit einem Kugellöffel den dornigen Flaum vom Blütenboden abkratzen. Alle Schnittflächen mit Zitrone abreiben, damit sie sich nicht verfärben. Die vorbereiteten Böden in Zitronenwasser legen.*
Die Zwiebeln und den Knoblauch in dem Öl anbraten. Die abgetropften Artischockenböden hinzufügen. Die Tomaten mit der Hühnerbrühe vermischen. Sobald die Böden etwas Farbe angenommen haben, mit den Tomaten ablöschen, pfeffern und salzen. Köcheln lassen, bis die Artischocken nach etwa 15 Minuten gar sind. Den Commandaría mit dem Tomatenmark vermischen und das Gericht damit abrunden.
Vor dem Servieren mit der Petersilie garnieren.

Varianten
> *Artischockenböden aus der Dose verwenden.*
> *Die Hälfte der Artischockenböden durch frische Erbsen oder frische dicke Bohnen ersetzen.*

Artischocken mit Erbsenfüllung

Angináres jemistés me bisélia

für 4 Personen

8 breite Artischocken
1 Zitrone
Zitronensaft
8 Fétawürfel
2 EL Pflanzenöl

für die Füllung:
8 EL Bisélia jiachní (siehe Rezept »Erbsen in Tomatensauce«)

◆ *Von den Artischocken den Stiel unmittelbar am Blütenboden abschneiden. Die Blätter abzupfen. Mit einem Kugellöffel den dornigen Flaum vom Blütenboden abkratzen. Alle Schnittflächen mit Zitrone abreiben, damit sie sich nicht verfärben. Die vorbereiteten Böden in Zitronenwasser legen, bis alle Artischocken geputzt sind. Dann die Artischocken etwa 15 Minuten in Zitronenwasser kochen.*
Jeden Artischockenboden mit 1 EL Erbsen-Jiachní füllen und mit einem Würfel Féta zudecken. In eine Pfanne mit dem Öl legen, zudecken und erhitzen. 5 Minuten garen, bis der Féta ein wenig geschmolzen und das Öl aufgesogen ist.

Varianten

> *Artischockenböden aus der Dose verwenden.*

> *Die gefüllten Artischockenböden können auch 4 Minuten im Mikrowellenherd gegart werden.*

Artischocken mit Gemüsefüllung

Anginares jemistés me lachaniká

für 4 Personen

8 breite Artischocken
1 Zitrone
Zitronensaft
400 ml Fleischbrühe

für die Füllung:
50 g Möhre
*50 g Staudensellerie**
50 g rote Paprikaschote
1 mittelgroße, gehackte Zwiebel
1 gehackte Knoblauchzehe
1-2 EL Pflanzenöl
50 g geschälte Erbsen
1/4 TL geriebene Muskatnuß
1/2 TL Zucker
2 EL gehackte frische Petersilie
1 EL Paniermehl
2 EL Kondensmilch
gemahlener schwarzer Pfeffer
Salz

◆ *Von den Artischocken den Stiel unmittelbar am Blütenboden abschneiden. Die äußeren, holzigen Blätter entfernen, die inneren bis auf etwa ein Drittel mit der Schere zurückschneiden. Mit einem Kugellöffel den dornigen Flaum vom Blütenboden abkratzen. Alle Schnittflächen mit Zitrone abreiben, damit sie sich nicht verfärben. Die Herzen in Zitronenwasser legen, bis alle Artischocken geputzt sind. Dann die Artischocken etwa 15 Minuten in Zitronenwasser garen.*

Für die Füllung die Möhre, den Sellerie und die Paprikaschote hacken und mit der Zwiebel und dem Knoblauch in dem Öl anbraten. Die Erbsen hinzufügen. Vom Herd nehmen und die restlichen Füllungszutaten untermischen. Die Artischocken damit füllen.

Die Fleischbrühe in eine Pfanne mit Deckel gießen, die Artischocken hineinsetzen und zudecken. Bei schwacher Hitze etwa 30 bis 40 Minuten dünsten. Falls nötig, ein wenig Brühe nachgießen.

Beilage

Die fertig zubereiteten Artischocken auf überbackenem Knoblauchbrot (siehe Rezept) servieren.

Erbsen in Tomatensauce
Bisélia jiachní

für 4 Personen

400 g geschälte frische Erbsen
3 EL gehackte Zwiebeln
2 gehackte Knoblauchzehen
3 EL Pflanzenöl
200 g geschälte, pürierte Tomaten
1/2 Tasse Bratensaft
1 Lorbeerblatt
1/2 TL gemahlener Zimt
*1/2 TL gemahlene Koriandersamen**
Cayennepfeffer
*3 EL Commandaría**
2 TL Tomatenmark
2 EL gehackte frische Petersilie
gemahlener schwarzer Pfeffer
Salz

◆ *Die Zwiebeln mit dem Knoblauch in dem Öl anbraten. Die Erbsen hinzufügen und kurz mitbraten. Die Tomaten mit dem Bratensaft vermischen und die Erbsen damit ablöschen. Mit dem Lorbeerblatt, dem Zimt, dem Koriander, einer Prise Cayennepfeffer, Pfeffer und Salz würzen und köcheln lassen, bis die Erbsen gar sind. Mit dem Commandaría und dem Tomatenmark abrunden.*
Vor dem Servieren mit der Petersilie bestreuen.

Variante
Den Zimt und den Koriander durch Kardamom und Piment ersetzen.*

Erbsen in würzigem Gemüse
Bisélia me aromatiká chórta

für 4 Personen

400 g geschälte frische Erbsen
50 g Möhre
50 g rote Paprikaschote
50 g gelbe Paprikaschote
*50 g Staudensellerie**
1 mittelgroße, gehackte Zwiebel
2 gehackte Knoblauchzehen
4 EL Pflanzenöl
1 1/3 Tassen Hühnerbrühe
1/2 TL Zucker
1/4 TL gemahlener Zimt
*1/4 TL gemahlene Koriandersamen**
1 EL Tomatenmark
*1 EL gehacktes Selleriegrün**
*1 EL gehackte frische Korianderblätter**
gemahlener schwarzer Pfeffer
Salz

◆ *Die Möhre, die Paprikaschoten und den Sellerie hacken und mit der Zwiebel und dem Knoblauch im Öl anbraten. Die Erbsen hinzufügen und mit der Hühnerbrühe ablöschen. Mit dem Zucker, dem Zimt, den Koriandersamen, Pfeffer und Salz würzen, zudecken und köcheln lassen, bis die Erbsen gar sind. Die Sauce mit dem Tomatenmark andicken.*
Zum Servieren mit dem Selleriegrün und den frischen Korianderblättern bestreuen.

Grüne Bohnen
Fasolákia fréska

für 3-4 Personen

500 g grüne Bohnen
5 EL Pflanzenöl
1 feingehackte Zwiebel
3 feingehackte Knoblauchzehen
10 entkernte schwarze Oliven
1 TL Basilikum
gemahlener schwarzer Pfeffer
Salz

◆ *Die Bohnen in dem Öl anbraten, bis sie Farbe annehmen. Die Zwiebel und den Knoblauch hinzufügen. Sobald sie goldbraun sind, mit 2 Tassen Wasser ablöschen. Die Oliven hinzufügen und mit dem Basilikum, Pfeffer und Salz würzen. Zudecken und bei mittlerer Hitze etwa 15 Minuten garen. Das Wasser sollte vor dem Servieren weitgehend verdunstet sein.*

Pfannenerbsen mit Minze und Féta

Bisélia tiganitá me diósmo kä féta

für 4 Personen

400 g geschälte frische Erbsen
2 große, gehackte Zwiebeln
2 gehackte Knoblauchzehen
*2 EL gehackter Staudensellerie**
4 EL Pflanzenöl
1 Tasse Fleischbrühe
1 TL Essig
1/2 TL Origano
1/2 TL Zucker
10 entkernte schwarze Oliven
1 EL gehackte frische Minze
75 g zerbröckelter Féta
gemahlener schwarzer Pfeffer
Salz

◆ *Die Zwiebeln, den Knoblauch und den Sellerie in dem Öl anbraten. Die Erbsen hinzufügen und kurz mitbraten. Mit der Fleischbrühe und dem Essig ablöschen. Mit dem Origano, dem Zucker, Pfeffer und Salz würzen. Die Oliven hacken und mit der Minze hinzufügen. Zudecken und bei schwacher Hitze köcheln lassen, bis die Erbsen gar sind.*
Zum Servieren mit dem Féta bestreuen.

Bohnen »Plakí«

Fasolákia plakí

für 4 Personen

500 g grüne Bohnen
500 g geschälte Tomaten
5 EL Olivenöl
1 TL Origano
3 mittelgroße Möhren
1 Zucchino
1 grüne Paprikaschote
1 rote Paprikaschote
3 gehackte Zwiebeln
10 entkernte schwarze Oliven
2 TL Tomatenmark
gemahlener schwarzer Pfeffer
Salz

◆ *Die Tomaten vierteln und mit den Bohnen und dem Öl in einem Topf erhitzen. Den Origano beifügen, pfeffern und salzen. Bis die Tomaten Flüssigkeit abgeben, gelegentlich umrühren. 10 Minuten köcheln lassen.*
Die Möhren, den ungeschälten Zucchino und die Paprikaschoten kleinschneiden. Mit den Zwiebeln und den Oliven zu den Bohnen geben. Köcheln lassen, bis die Bohnen gar sind. Mit dem Tomatenmark etwas andicken.

Bohnen in Tomatensauce
Fasolákia jiachní

für 4 Personen

750 g grüne Bohnen
*2 EL gehackter Staudensellerie**
1 große, gehackte Zwiebel
4 gehackte Knoblauchzehen
5 EL Pflanzenöl
400 g geschälte, pürierte Tomaten
1 Lorbeerblatt
1/3 TL gemahlener Zimt
*1/3 TL gemahlene Koriandersamen**
1/3 TL Bohnenkraut
1/2 TL Zucker
1 TL Tomatenmark
*2 EL Commandaría**
1 EL gehackte frische Petersilie
gemahlener schwarzer Pfeffer
Salz

◆ *Den Sellerie mit der Zwiebel und dem Knoblauch in 2 EL Öl anbraten. Mit den Tomaten und 1 Tasse Wasser ablöschen. Mit dem Lorbeerblatt, dem Zimt, dem Koriander, dem Bohnenkraut, dem Zucker, Pfeffer und Salz würzen und einkochen lassen.*
Die Bohnen in 3 EL Öl anbraten. Überschüssiges Öl abgießen und die Bohnen in die Tomatensauce geben. Köcheln lassen, bis die Bohnen gar sind. Zum Schluß mit etwas Tomatenmark andicken und mit dem Commandaría abrunden.
Vor dem Servieren mit der Petersilie garnieren.

Knoblauchbohnen
Fasolákia laderá me skórdo

für 4 Personen

750 g grüne Bohnen
6 große, gehackte Knoblauchzehen
2 EL gehackte frische Petersilie
Pflanzenöl
gemahlener schwarzer Pfeffer
Salz

◆ *Die Bohnen in sehr wenig Wasser dünsten, bis sie fast gar sind.*
Etwas Öl erhitzen. Die Bohnen abtropfen lassen und mit dem Knoblauch anbraten. Pfeffern und salzen.
Vor dem Servieren mit der Petersilie bestreuen.

Bohnen auf schnelle Art
Fasolákia grígora

für 4 Personen

750 g grüne Bohnen
5 EL Pflanzenöl
2 große, sehr fein gehackte Zwiebeln
4 sehr fein gehackte Knoblauchzehen
1/4 TL Zucker
1/2 TL gemahlener Zimt
1/3 TL Thymian
1 EL Tomatenmark
8 entkernte schwarze Oliven
*1/4 TL gemahlener Kardamom**
gemahlener schwarzer Pfeffer
Salz

◆ *Die Bohnen in dem Öl anbraten. Mehrmals wenden. Die Zwiebeln und den Knoblauch hinzufügen und kurz mitbraten, bis sie Farbe annehmen. Mit 400 ml Wasser ablöschen und mit dem Zucker, dem Zimt, dem Thymian, Pfeffer und Salz würzen. Köcheln lassen, bis die Bohnen gar sind. Mit dem Tomatenmark andicken, die gehackten Oliven dazugeben und mit dem Kardamom überstäuben.*

Bohnen auf türkische Art
Fasulye

für 4 Personen

500 g grüne Bohnen
1/2 Tasse Olivenöl
75 g gehackte Möhren
*50 g gehackter Staudensellerie**
1 gehackte rote Paprikaschote
3 gehackte Zwiebeln
600 g geschälte Fleischtomaten
10 Knoblauchzehen
1 Tasse Fleischbrühe
1/2 TL Bohnenkraut
nach Geschmack:
scharfer Paprika
gemahlener schwarzer Pfeffer
Salz

◆ *Alle Zutaten mit 1/2 Tasse Wasser in einen Topf geben und kochen, bis sie gar sind. Gelegentlich umrühren.*

Fritierte Champignons
Manitarákia tiganitá

für 4 Personen

30 Minuten marinieren

400 g mittelgroße Champignons
3 EL Zitronensaft
Pflanzenöl

für den Teig:
125 g Weizenmehl
*1/2 TL gemahlene Koriandersamen**
*1/4 TL gemahlener Kreuzkümmel**
geriebene Zitronenschale
2 zerdrückte Knoblauchzehen
2 Eier
gemahlener schwarzer Pfeffer
Salz

◆ *Die gewaschenen, abgetrockneten Champignons mit dem Zitronensaft beträufeln und zur Seite stellen.*
Die Teigzutaten mit 1/8 l Wasser verquirlen und 30 Minuten im Kühlschrank ruhen lassen.
Den Teig über die Champignons gießen. Darauf achten, daß der Teig jeden Champignon gut umschließt. Genügend Öl erhitzen und die Champignons einzeln fritieren. Vor dem Servieren abtropfen lassen.

Varianten
Statt Champignons können Auberginenscheiben, Blumenkohl- oder Broccoliröschen, Zucchinischeiben, Paprikastreifen, Zwiebelringe, kleine Schalotten oder Artischockenböden fritiert werden. Je nach Gemüsesorte muß der Teig dicker oder dünnflüssiger angerührt werden. Auch die Würzung des Teiges ändert sich entsprechend der Gemüsesorten: Für Auberginenscheiben frisches Basilikum hinzufügen, für Brokkoli anstelle von Kreuzkümmel und Koriander Muskat und Senfsamen verwenden.

Gefüllte Champignons
Manitária jemistá

für 4 Personen

20 große Champignons
2 EL Zitronensaft

für die Füllung:
*100 g Lúndsa**
5 feingehackte Schalotten
3 gehackte Knoblauchzehen
3 EL Olivenöl
3 EL gehackte frische Petersilie
2 EL Paniermehl
2 EL Kondensmilch
gemahlener schwarzer Pfeffer
Salz

◆ *Die Stiele der Champignons entfernen. Die Köpfe mit dem Zitronensaft beträufeln.*
Für die Füllung die Lúndsa kleinschneiden und mit den Schalotten und dem Knoblauch in 2 EL Öl anbraten. Vom Herd nehmen, die Petersilie, das Paniermehl, die Kondensmilch, Pfeffer und Salz hinzufügen und zu einer Paste vermischen. Die Champignons damit füllen und in eine feuerfeste Form legen. Mit 1 EL Öl beträufeln und in den auf 180° vorgeheizten Ofen stellen. 30 Minuten backen.

Spinattorte
Spanachópitta

für 4 Personen

750 g frischer Spinat
2 gehackte Zwiebeln
3 gehackte Knoblauchzehen
1/3 TL geriebene Muskatnuß
450 g Blätterteig
*3 EL gehackter Chiroméri**
3 EL Pinienkerne
100 g zerbröckelter Féta
2 Eier
50 g Vollmilchjoghurt
*100 g geriebener Kefalotíri**
Pflanzenöl
gemahlener schwarzer Pfeffer
Salz

◆ *Die Spinatblätter einmal quer durchschneiden. In einem Topf erhitzen, bis sie zusammenfallen. In ein Sieb geben und ausdrücken.*
Die Zwiebeln und den Knoblauch mit dem Spinat in Öl anbraten. Vom Herd nehmen und mit dem Muskat, Pfeffer und Salz würzen und zur Seite stellen.
300 g Blätterteig so ausrollen, daß damit der Boden und die Seiten einer Backform ausgekleidet werden können. Am geeignetsten ist eine Form von etwa 20 mal 30 cm, die etwa 5 cm hoch ist. Aus den restlichen 150 g Blätterteig einen Deckel für die Form vorbereiten.
Den Spinat in der Backform verteilen. Den Schinken, die Pinienkerne und den Féta darüberstreuen. Die Eier mit dem Joghurt und dem Kefalotíri sorgfältig vermengen und über dem Spinat verstreichen. Den Teigdeckel aufsetzen und überhängende Teigränder abschneiden. Aus den Teigresten eine Verzierung formen und auf dem Deckel anbringen. Den Deckel etwa zwölfmal einstechen und mit Öl einpinseln.
Die Spinattorte in den auf 220° vorgeheizten Ofen stellen und backen. Nach 10 Minuten die Temperatur auf 180° reduzieren. Nach weiteren 15 Minuten schließlich auf 150° reduzieren. So 15 Minuten backen.

Varianten
> *Statt der Pinienkerne können Pistazien verwendet werden.*
> *Die Zutaten auf mehrere Portionsformen von etwa 8 cm Durchmesser verteilen.*

Gebratener Spinat
Spanáchi

für 4 Personen

750 g frischer Spinat
7 EL Walnußöl
3 mittelgroße, gehackte Zwiebeln
3 gehackte Knoblauchzehen
1 gestrichener TL Zucker
1/4 TL geriebene Muskatnuß
1/2 TL gemahlener Kardamom*
gemahlener schwarzer Pfeffer
Salz

◆ Das Öl erhitzen und die Zwiebeln und den Knoblauch darin anbraten. Den tropfnassen Spinat hinzufügen, mit dem Zucker, dem Muskat, Pfeffer und Salz würzen. Den Topf mit einem Deckel schließen, bis der Spinat zusammengefallen ist. Den Deckel öffnen und die Flüssigkeit verdampfen lassen. Mehrfach umheben, damit der Spinat etwas anbrät.
Vor dem Servieren mit dem Kardamom bestreuen.

Beilage
Joghurt*

Variante
Statt mit Muskat und Kardamom kann der Spinat auch mit Zimt gewürzt werden. In diesem Fall mit den Zwiebeln 2 EL Tomatenmark anbraten.

Spinatauflauf
Spanáchi tu fúrnu

für 4 Personen

750 g frischer Spinat
1 EL feingehackte Zwiebeln
2 feingehackte Knoblauchzehen
75 g Pinienkerne
250 g Sahnejoghurt (10 % Fett)
1/4 TL geriebene Muskatnuß
1/4 TL gemahlener Zimt
1/2 TL grobgemahlene Koriandersamen*
scharfer Paprika
1/2 TL Zucker
2 Eier
1 EL Stärkemehl
100 g geriebener Kefalotíri*
Pflanzenöl
gemahlener schwarzer Pfeffer
Salz

◆ Den tropfnassen Spinat in einen Topf geben und erhitzen, bis er zusammenfällt. Vom Herd nehmen und ein wenig abkühlen lassen.
Die Zwiebeln, den Knoblauch und die Pinienkerne in 2 EL Öl anbraten.
Den Sahnejoghurt mit dem Muskat, dem Zimt, dem Koriander, einer Prise Paprika, dem Zukker, Pfeffer und Salz würzen. Die Eier unterziehen und das Stärkemehl einrühren.
Den Spinat mehrfach durchschneiden. Die Zwiebeln mit dem Knoblauch und den Pinienkernen untermischen. In eine eingefettete feuerfeste Form geben und die Joghurtmischung darübergießen. Den Auflauf mit dem Käse bestreuen und in den auf 200° vorgeheizten Ofen stellen. 25 Minuten überbacken.

Okras in Tomatensauce
Bámies jiachní

für 4 Personen

*750 g Okras**
1/2 Tasse Essig
2 große, gehackte Zwiebeln
4 gehackte Knoblauchzehen
7 EL Pflanzenöl
1 TL Tomatenmark
400 g geschälte, pürierte Tomaten
5 EL Bratensaft
1 Lorbeerblatt
Cayennepfeffer
*1/2 TL gemahlene Koriandersamen**
1/4 TL gemahlener Zimt
1/2 TL Zucker
1 TL gehacktes frisches Basilikum
1 TL gehackte frische Petersilie
gemahlener schwarzer Pfeffer
Salz

◆ *Die Okras putzen. Dabei den Stiel mit der Kappe entfernen, den feinen, bräunlichen Ring am Schotenansatz aber stehenlassen. Waschen und abtrocknen. Anschließend mit dem Essig besprenkeln und etwa 20 bis 30 Minuten ruhen lassen, um zu verhindern, daß die Okras beim Kochen schleimig werden.*
Die Zwiebeln und den Knoblauch in 2 EL Öl anbraten. Das Tomatenmark kurz mitbraten. Mit den Tomaten ablöschen. Den Bratensaft hinzugießen, mit dem Lorbeerblatt, einer Prise Cayennepfeffer, dem Koriander, dem Zimt, dem Zucker, Pfeffer und Salz würzen und aufkochen.
Die Okras in 5 EL Öl anbraten. Dabei vorsichtig wenden, damit sie nicht zerfallen. Wenn sie etwas Farbe angenommen haben, mit der Tomatensauce ablöschen. Zudecken und etwa 25 bis 30 Minuten köcheln lassen.
Vor dem Servieren mit Basilikum und Petersilie bestreuen.

Gebratene Okras
Bámies tiganités

für 4 Personen

*800 g Okras**
1/2 Tasse Essig
10 EL Pflanzenöl
*1 TL grobgemahlene Koriandersamen**
*1 EL gehackte frische Korianderblätter**
2 Zitronen
gemahlener schwarzer Pfeffer
Salz

◆ *Die Okras putzen. Dabei den Stiel mit der Kappe entfernen, den feinen bräunlichen Ring am Schotenansatz aber stehenlassen. Waschen und abtrocknen. Anschließend mit dem Essig besprenkeln und etwa 20 bis 30 Minuten ruhen lassen, um zu verhindern, daß die Okras beim Kochen schleimig werden.*
Das Öl erhitzen und die abgetropften Okras darin anbraten. Mit dem gemahlenen und dem frischen Koriander würzen, pfeffern und salzen. Mit 1/4 l Wasser ablöschen und zudecken. Bei schwacher Hitze köcheln lassen, bis die Okras gar sind.
Die Zitronen vierteln und mit den Okras servieren, denn sie geben ihnen Frische.

Auberginen auf türkisch-zyprische Art
Imam bayıldı

für 4 Personen

30 Minuten vorher beginnen

4 mittelgroße, schmale Auberginen
8 Knoblauchzehen
5 mittelgroße, gehackte Zwiebeln
1 kleine rote Pfefferschote
2 EL Tomatenmark
200 g vollreife Tomaten
1/2 TL Basilikum
1/3 TL gemahlener Zimt
4 EL gehackte frische Petersilie
1 gestrichener TL Zucker
*4 EL geriebener, trockener Challúmi**
Pflanzenöl
gemahlener schwarzer Pfeffer
Salz

◆ *Die Auberginen in Streifen schälen, so daß ein zebraartiges Muster entsteht. Salzen und etwa 30 Minuten zur Seite stellen.*
Reichlich Öl erhitzen und die Auberginen rundum anbraten. Aus der Pfanne nehmen und halbieren. Mit halbierten Knoblauchzehen spicken und mit der Schnittfläche nach oben in eine Backform mit Deckel legen.
Im verbliebenen Öl zunächst die Zwiebeln und die feingehackte Pfefferschote anbraten. Das Tomatenmark hinzufügen und mitbraten. Mit den geschälten, pürierten Tomaten ablöschen und mit dem Basilikum, dem Zimt, der Petersilie, dem Zucker, Pfeffer und Salz würzen. Kurz offen köcheln lassen.
Die Sauce über die Auberginen gießen, die Form mit einem Deckel schließen und in den auf 180° vorgeheizten Backofen stellen. Etwa 45 Minuten garen. Vor dem Servieren mit dem Käse bestreuen.

Fritierte Auberginen
Wasánia tiganitá

für 4 Personen

30 Minuten vorher beginnen

300 g dünne Auberginen
5 EL Zitronensaft
200 g Weizenmehl
Pflanzenöl
gemahlener schwarzer Pfeffer
Salz

◆ *Die Auberginen in Streifen schälen, so daß ein zebraartiges Muster entsteht. In dünne Scheiben schneiden und mit dem Zitronensaft beträufeln. 30 Minuten zur Seite stellen.*
Das Mehl mit Pfeffer und Salz mischen und die Auberginenscheiben darin wenden. Reichlich Öl erhitzen und die Auberginen darin braten, bis sie goldbraun sind.

Fritierte Zucchini
Kolokithákia tiganitá

für 4 Personen

200 g Zucchini
75 g Weizenmehl
25 g Stärkemehl
2 Eiweiß (von kleinen Eiern)
Pflanzenöl
gemahlener schwarzer Pfeffer
Salz

◆ *Das Mehl mit dem Stärkemehl, Pfeffer, Salz und 1/2 Tasse Wasser verquirlen. 20 Minuten in den Kühlschrank stellen. Dann die Eiweiß steif schlagen und unter den Teig heben.*
Die Zucchini in Streifen schälen, so daß ein zebraartiges Muster entsteht. In dünne Scheiben schneiden.
Reichlich Öl erhitzen. Die Zucchinischeiben einzeln in den Teig tauchen und fritieren.

Zwiebeln mit Koriander und Wein
Kremmídia afélia

für 4 Personen

500 g gleichmäßig kleine Zwiebeln
5 EL Erdnußöl
100 ml trockener Rotwein
*6 EL Commandaría**
*2 EL grobgemahlene Koriandersamen**
gemahlener schwarzer Pfeffer
Salz

◆ *Das Öl erhitzen und die Zwiebeln anbraten. Wenn sie rundum braun sind, mit der Hälfte des Weins ablöschen. Kochen, bis der Wein verdunstet ist. Die Zwiebeln erneut anbraten, dann den restlichen Wein hinzufügen und verdunsten lassen. Mit dem Commandaría ablöschen. Mit dem Koriander, Pfeffer und Salz würzen. Wenn alle Flüssigkeit verdunstet ist, servieren.*

Variante
Die Zwiebeln durch Schalotten ersetzen.

Blumenkohl in Tomatensauce

Kunupídi jiachní

für 4 Personen

500 g Blumenkohlröschen
4-5 EL Pflanzenöl
2 große, gehackte Zwiebeln
1 gehackte Knoblauchzehe
75 g Tomatenmark
200 ml Fleischbrühe
*2 EL Commandaría**
1/3 TL geriebene Muskatnuß
*2 helle Kardamomkapseln**
gemahlener schwarzer Pfeffer
Salz

◆ *Den Blumenkohl in 4 EL Öl braten, bis er anfängt, braun zu werden. Zur Seite stellen. Die Zwiebeln und den Knoblauch im verbliebenen Öl anbraten. Falls nötig, 1 EL Öl nachgeben. Wenn die Zwiebeln goldbraun sind, das Tomatenmark beifügen und kurz mitbraten. Mit der Fleischbrühe ablöschen. Den Commandaría hinzugeben und mit dem Muskat, Pfeffer und Salz würzen. Die Sauce über den Blumenkohl gießen. Bei schwacher Hitze köcheln lassen, bis der Blumenkohl gar ist.*
Die Kardamomkapseln rösten, öffnen und die Samen in einem Mörser zerstoßen. Kurz vor dem Servieren unter das Gericht mischen; nicht mehr kochen.

Blumenkohl »Kaurmás«

Kunupídi kaurmás

für 6 Personen

750 g Blumenkohlröschen
3 EL Olivenöl
2 große, gehackte Zwiebeln
*1 TL grobgemahlene Koriandersamen**
400 g vollreife Tomaten
*1 EL Traubensirup**
2 Lorbeerblätter
1/4 TL gemahlener Zimt
5 EL Pflanzenöl
1-2 TL Tomatenmark
gemahlener schwarzer Pfeffer
Salz

◆ *Das Olivenöl erhitzen. Die Zwiebeln und den Koriander darin anbraten. Die geschälten, pürierten Tomaten mit 1/2 Tasse Wasser mischen und damit die Zwiebeln ablöschen. Den Traubensirup hinzufügen, mit den Lorbeerblättern, dem Zimt, Pfeffer und Salz würzen und etwa 15 Minuten bei schwacher Hitze einkochen lassen.*
Die Blumenkohlröschen in dem Pflanzenöl anbraten. Die Sauce über den Blumenkohl gießen. Die Lorbeerblätter entfernen und bei niedriger Hitze köcheln lassen, bis der Blumenkohl gar ist. Gelegentlich umrühren. Mit Tomatenmark andicken.

Fritierter Blumenkohl
Kunupídi tiganitó

für 4 Personen

30 Minuten vorher beginnen

400 g Blumenkohlröschen
100 g Weizenmehl
100 ml Milch
1 Ei
1/4 TL geriebene Muskatnuß
*1/3 TL gemahlener Kreuzkümmel**
125 g gekochte, pürierte Kichererbsen
Pflanzenöl
gemahlener schwarzer Pfeffer
Salz

◆ *Das Mehl mit der Milch und dem Ei verrühren und mit dem Muskat, dem Kreuzkümmel, Pfeffer und Salz würzen. Die Kichererbsen hinzufügen. Die Blumenkohlröschen darunterheben und 30 Minuten zur Seite stellen.*
Die Blumenkohlröschen einzeln in reichlich Öl ausbacken.

Zucchini in Tomaten-Weißwein-Sauce
Kolokithákia me krasí kä tomátes

für 6 Personen

750 g Zucchini
5 EL Pflanzenöl
2 große, gehackte Zwiebeln
3 gehackte Knoblauchzehen
50 g Tomatenmark
175 g geschälte, pürierte Tomaten
1/2 Tasse Fleischbrühe
1/2 Glas trockener Weißwein
1/2 TL Zucker
1/3 TL gemahlener Zimt
1 EL gehacktes frisches Basilikum
gemahlener schwarzer Pfeffer
Salz

◆ *Die ungeschälten Zucchini grob würfeln und in 3 EL Öl anbraten. Zur Seite stellen. Weitere 2 EL Öl in den Topf geben und die Zwiebeln mit dem Knoblauch anbraten. Das Tomatenmark hinzufügen und mitbraten, damit es ein wenig Säure verliert. Die Tomaten mit der Fleischbrühe und dem Wein vermischen. Die Zwiebeln damit ablöschen und mit dem Zucker, dem Zimt, Pfeffer und Salz abschmecken. Die Zucchini in die Sauce geben und schwach köcheln lassen, bis sie gar sind.*
Vor dem Servieren mit dem Basilikum bestreuen.

Variante
Statt der Zucchini können auch Möhren, Erbsen, Kartoffeln oder Artischocken verwendet werden.

Zucchini in Tomatensauce
Kolokithákia me sáltsa tomátas

für 4 Personen

500 g Zucchini
50 g englischer Frühstücksspeck
3 Sardellenfilets
1 große, gehackte Zwiebel
3 gehackte Knoblauchzehen
3 EL Pflanzenöl
250 g vollreife Tomaten
1 TL Zucker
1/2 TL gemahlener Zimt
1 EL frisches Bohnenkraut
*2 EL geriebener Challúmi**
gemahlener schwarzer Pfeffer
Salz

◆ *Den Speck würfeln und die Sardellen hacken. Mit der Zwiebel und dem Knoblauch in dem Öl anbraten. Die Zucchini in Würfel schneiden, zugeben und kurz andünsten. Die geschälten Tomaten pürieren und hinzufügen. Mit dem Zucker, dem Zimt, Pfeffer und Salz würzen. Zudecken und bei schwacher Hitze köcheln lassen, bis die Zucchini gar sind. Das Bohnenkraut unterrühren.*
Vor dem Servieren mit Challúmi bestreuen.

Variante
Statt des englischen Frühstücksspecks kann durchwachsener Räucherspeck verwendet werden.

Zucchini in Essig
Kolokithákia swisména me xídi

für 6 Personen

750 g Zucchini
5 EL Pflanzenöl
3 EL Essig
gemahlener schwarzer Pfeffer
Salz

◆ *Die ungeschälten Zucchini in Scheiben schneiden und in dem Öl von beiden Seiten goldbraun braten. Anschließend mit dem Essig ablöschen, reichlich pfeffern, salzen und servieren.*

Variante
Eine gehackte Zwiebel und grobgemahlenen Koriandersamen mitbraten.*

Paprikaschoten mit Birnen
Piperiés me achládia

für 4 - 6 Personen

500 g verschiedenfarbige Paprikaschoten
250 g feste Birnen
75 g Räucherspeck
4 EL Pflanzenöl
2 mittelgroße, gehackte Zwiebeln
1 EL Essig
1/2 Tasse Fleischbrühe
1 Knoblauchzehe
gemahlener schwarzer Pfeffer
Salz

◆ *Die Paprikaschoten und die Birnen vierteln. Den Speck würfeln und in dem Öl auslassen. Die Paprikaschoten, die Birnen und die Zwiebeln hinzufügen und leicht anbraten. Mit dem Essig und der Fleischbrühe ablöschen. Den zerdrückten Knoblauch hinzufügen, pfeffern und salzen. Zudecken und bei schwacher Hitze köcheln lassen, bis alles gar ist.*

Türkisches Gemüseallerlei
Türlü

für 6-8 Personen

200 g grüne Bohnen
400 g Zucchini
400 g Auberginen
200 g rote Paprikaschoten
250 g Zwiebelringe
8 Knoblauchzehen
Olivenöl

für die Sauce:
2 Kartoffeln
750 g geschälte Tomaten
1 Brühwürfel
3/4 TL gemahlener Zimt
2 TL Basilikum
Cayennepfeffer
1 Bund Petersilie
1 TL Tomatenmark
1 TL Honig
gemahlener schwarzer Pfeffer

◆ *Die Kartoffeln in der Schale kochen.*
Die Bohnen halbieren. Die Zucchini, die Auberginen und die Paprikaschoten würfeln. Etwas Öl erhitzen. Die Bohnen mit den Zwiebeln und dem Knoblauch darin braten, bis sie Farbe angenommen haben.
Die Zucchini und die Auberginen in eine Backform legen. Die Paprikaschoten und die Bohnen darüber verteilen.
Für die Sauce die Tomaten pürieren; die Kartoffeln pellen, zerdrücken und den Tomaten hinzufügen. Mit dem gelösten Brühwürfel, dem Zimt, dem Basilikum, einer Prise Cayennepfeffer, der Petersilie und reichlich Pfeffer abschmecken. Das Tomatenmark und den Honig unterrühren. Die Sauce über das Gemüse gießen und die Form mit einem Deckel schließen. In den auf 180° vorgeheizten Backofen stellen und etwa eine Stunde garen. In dieser Zeit zweimal umrühren. Am Ende 10 Minuten offen überbacken.

Variante
Vor dem Servieren noch 2 EL geriebenen Kefalotíri darüberstreuen.*

Bemerkung
Die Menge des Honigs richtet sich nach der Reife der Tomaten.

Farbiges Paprikagemüse
Piperiés anámichtes laderés

für 6 Personen

750 g verschiedenfarbige Paprikaschoten
4 EL Pflanzenöl
1 EL Essig
1/2 Tasse Fleischbrühe
1 zerdrückte Knoblauchzehe
1/4 TL Zucker
Salz

◆ *Die Paprikaschoten vierteln. In dem heißen Öl leicht anbraten, ohne daß sie schwarze Stellen bekommen. Die restlichen Zutaten mischen und damit ablöschen. Bei schwacher Hitze zugedeckt garen.*

Gemüseauflauf
Chórta sto fúrno

für 4 Personen

250 g Zucchini
3 EL Pflanzenöl
1 EL Paniermehl
*1/2 TL gemahlene Koriandersamen**
1/3 TL gemahlener Zimt
1/4 TL geriebene Muskatnuß
Cayennepfeffer
250 g Fleischtomaten
1 TL gehacktes frisches Basilikum
5 mittelgroße Zwiebeln
*75 g geriebener Kaséri**
6 schwarze Oliven
Salz

◆ *Die Zucchini in Scheiben schneiden und in 1 EL Öl anbraten. In eine feuerfeste Form schichten.*
Das Paniermehl mit dem Koriander, dem Zimt, dem Muskat, einer Prise Cayennepfeffer und Salz vermischen. Die Hälfte davon über die Zucchini streuen.
Die Tomaten in Scheiben schneiden und auf die Zucchini legen. Darüber den Rest der Paniermehlmischung verteilen. Mit dem Basilikum bestreuen.
Die Zwiebeln in Ringe schneiden und in 2 EL Öl anbraten. Gut abtropfen lassen und auf die Tomaten legen. Den Käse darüberstreuen. Die Form in den auf 160° vorgeheizten Ofen stellen und 25 bis 30 Minuten backen.
Vor dem Servieren mit den Oliven garnieren.

Ofentomaten

Tomátes tu fúrnu

für 4 Personen

4 große Tomaten
1 EL Paniermehl
2 EL gehacktes frisches Basilikum
1 1/2 EL gehackter frischer Thymian
2 EL gehackter frischer Majoran
2 Knoblauchzehen
1/2 pürierte Zwiebel
10 zerdrückte schwarze Oliven
*3 EL geriebener Kaséri**
Olivenöl
Salz

◆ *Die Tomaten halbieren. Mit der Schnittfläche nach oben in eine mit Öl eingefettete Form legen. Auf jede Tomatenhälfte etwas Salz streuen. Das Paniermehl mit dem Basilikum, dem Thymian, dem Majoran und einer Prise Salz vermischen. Den zerdrückten Knoblauch, die Zwiebel und die Oliven hinzufügen, alles mit 3 EL Öl zu einer Paste verarbeiten und auf den Tomatenhälften verteilen. Mit dem Käse bestreuen und in den auf 190° vorgeheizten Ofen stellen. Etwa 30 Minuten überbacken.*

Salate
Salátes

Gurkensalat mit Joghurt und Minze

Talatúri

für 4 Personen

1 Stunde vorher zubereiten

1 große Salatgurke
250 g Sahnejoghurt (10 % Fett)
5 sehr fein gehackte Knoblauchzehen
10 Blätter feingehackte frische Minze
1/2 TL Zucker
4 schwarze Oliven
Salz

◆ *Die Gurke halbieren, die Kerne entfernen und die Gurkenhälften in 1/2 cm große Würfel schneiden. Abtropfen lassen.*
Den Joghurt mit dem Knoblauch und der Minze mischen und mit dem Zucker und Salz abschmecken. Die Gurkenstücke hinzufügen und eine Stunde in den Kühlschrank stellen.
Vor dem Servieren mit den Oliven garnieren.

Varianten
> *Der Sahnejoghurt kann durch eine Mischung aus 175 g Joghurt*, 75 g Crème fraîche und 1 EL Zitronensaft ersetzt werden.*
> *Statt frischer Minze 1 TL getrocknete Minze verwenden.*
> *Die Minze kann außerdem gegen frische Korianderblätter* und eine kleine gehackte Zwiebel ausgetauscht werden. In diesem Fall mit gehackten Walnüssen garnieren.*

Bemerkung
Der zyprische Joghurt, der einen hohen Anteil an Schafsmilch hat, ist fester, frischer und voller im Geschmack als deutscher Joghurt. Talatúri läßt sich deshalb nicht mit herkömmlichem deutschen Joghurt zubereiten; er wäre zu dünn. Auch Quark sollte nicht verwandt werden. Die Sauce würde sonst pelzig schmecken und nicht cremig sein.

Tomatensalat
Tomatosaláta

für 4 Personen

600 g Fleischtomaten
1 Gemüsezwiebel
5 EL Olivenöl
4 EL Zitronensaft
1 EL feingehackte frische Minze
1 EL feingehackte frische Petersilie
gemahlener schwarzer Pfeffer
Salz

◆ *Die Zwiebel in Ringe schneiden und in kaltes Wasser legen.*
Die Tomaten in Scheiben schneiden, mit dem Öl und dem Zitronensaft beträufeln und mit der Minze, der Petersilie, Pfeffer und Salz würzen. Den Salat durchheben und mit den abgetropften Zwiebelringen bedecken.

Bauernsalat
Saláta choriátiki

für 4 Personen

1/2 Gemüsezwiebel
*1/2 Kopf Romana-Salat**
1/2 Salatgurke
1 große Fleischtomate
*1 Stange Sellerie**
1 rote Paprikaschote
3 EL Zitronensaft
5 EL Olivenöl
125 g Féta
3 EL gehackte frische Petersilie
12 schwarze Oliven
gemahlener schwarzer Pfeffer
Salz

◆ *Die Gemüsezwiebel in Ringe schneiden, in kaltes Wasser legen, nach Geschmack etwas Zitronensaft zugeben.*
Den Salat zerpflücken. Die Gurke, die Tomate und den Sellerie in Scheiben und die Paprikaschote in Streifen schneiden. Miteinander vermischen. Das Öl mit dem Zitronensaft verrühren; pfeffern und salzen. Über den Salat gießen. Den zerbröckelten Féta und die Petersilie darüberstreuen und gut durchheben. Die Zwiebelringe abtropfen lassen und auf den Salat legen. Mit den Oliven garnieren.

Variante
Statt der Petersilie können auch 1 EL Kapern oder 2 EL gehackte frische Korianderblätter verwendet werden.*

Romana-Salat mit verschiedenen Saucen
Marúli saláta

für 4 Personen

*1 großer Kopf Romana-Salat**

für die Roquefortsauce:
60 g zerbröckelter Roquefort
5 EL Olivenöl
2 EL Essig
1 gestrichener TL Zucker
1 kleine, sehr fein gehackte Zwiebel
1 zerdrückte Knoblauchzehe
3 gehackte Walnüsse

für die Kräutersauce:
5 EL Olivenöl
5 EL Zitronensaft
1 EL Essig
1 Prise Zucker
*1 EL gehackte frische Korianderblätter**
*1 EL gehackte Portulakblätter**
*1 EL gehackte Senfrauke**
2 EL gehackte frische Petersilie
gemahlener schwarzer Pfeffer
Salz

◆ *Die Salatblätter mehrfach quer durchschneiden.*
Die Zutaten für die Saucen getrennt mischen und unter den Salat heben.

Ostersalat
Saláta tis Lambrís

Dieser Salat wird am Ostersonntag und in der darauffolgenden Woche gegessen.

für 4 Personen

*1 Kopf Romana-Salat**
1 Tasse feingehacktes Zwiebelgrün
3 hartgekochte Eier
4 EL Olivenöl
4 EL Weinessig
1 EL Kapern
gemahlener schwarzer Pfeffer
Salz

◆ *Den Salat zerpflücken und das Zwiebelgrün hinzufügen. Die Eidotter zerdrücken und mit dem Öl und dem Essig zu einer Sauce vermischen. Mit den Kapern, Pfeffer und Salz würzen. Die Eiweiß kleinschneiden und zum Salat geben. Die Sauce hinzufügen und untermischen.*

Spíros' Spargelsalat
Saláta agrélia »Spíros«

für 4 Personen

500 g grüner Spargel
1 TL Zucker
1 EL Olivenöl
3 Mandarinen
2 feingehackte Schalotten
5 EL Mayonnaise
gemahlener Ingwer
15 gehackte Walnüsse
gemahlener weißer Pfeffer
Salz

◆ *Den Spargel mit dem Zucker und dem Öl in Wasser gar kochen und abtropfen lassen.*
In 2 cm lange Stücke schneiden und mit den halbierten Mandarinenschnitzen und den Schalotten vermischen.
Die Mayonnaise mit einer Prise Ingwer, Pfeffer und Salz würzen und den Salat damit bedecken.
Die Walnüsse darüberstreuen.
Erst bei Tisch mischen, da die Walnüsse sonst den Spargel bläulich verfärben.

Hühnersalat mit Granatäpfeln
Saláta me kotópulo

für 4 Personen

400 g gekochtes Hühnerfleisch
4 EL Mayonnaise
*4 EL Joghurt**
1 EL Tomatenmark
*1 EL Commandaría**
*1 Stange Sellerie**
1 mittelgroße, feingehackte Zwiebel
100 g gehackte Walnüsse
100 g Granatapfelkerne
gemahlener schwarzer Pfeffer
Salz

◆ *Die Mayonnaise mit dem Joghurt, dem Tomatenmark und dem Commandaría vermischen; mit Pfeffer und Salz abschmecken.*
Das Hühnerfleisch und den Sellerie würfeln. Mit der Zwiebel, den Walnüssen und der Hälfte der Granatapfelkerne vermischen. Die Hälfte der Sauce hinzufügen und unterheben, mit der anderen Hälfte den Salat bedecken, so daß eine glatte Fläche entsteht. Diese mit den restlichen Granatapfelkernen dekorieren.

Thunfischsalat
Saláta me tónno

für 4 Personen

1 Stunde vorher zubereiten

200 g Thunfisch (Dose)
*2 EL gehackter Staudensellerie**
3 EL gehackte grüne Paprikaschoten
1 mittelgroße, feingehackte Zwiebel
3 EL gehackte frische Petersilie
8 gehackte Walnüsse
2 EL Olivenöl
3 EL Zitronensaft
2 EL Ouzo
gemahlener schwarzer Pfeffer
Salz

◆ *Den Thunfisch abtropfen lassen und zerkleinern. Mit den übrigen Zutaten vermengen. Mindestens eine Stunde ziehen lassen.*

Fischsalat
Psarosaláta

für 4 Personen

500 g gekochter, fester Fisch
2 EL gehackte Schalotten
2 EL feingehackte Mixed Pickles
Salz

für die Sauce:
2 EL Mayonnaise
*1 EL Joghurt**
1/2 TL mittelscharfer Senf
1 EL Weinbrand
1 EL Sherry (Amontillado)
gemahlener schwarzer Pfeffer

für die Deckschicht:
1 Cornichon
2 EL gehackte frische Petersilie
1 Knoblauchzehe
30 g Féta
1 TL Kapern
3 EL Mayonnaise
Zucker
1 Stengel glatte Petersilie
10 Kapern

◆ *Den gekochten Fisch zerpflücken, salzen und mit den Schalotten und den Mixed Pickles mischen.*
Für die Sauce die Mayonnaise mit dem Joghurt verrühren und mit dem Senf und Pfeffer würzen. Mit dem Weinbrand und dem Sherry abschmekken. Unter den Fisch heben.
Für die Deckschicht das Cornichon mit der Petersilie, dem zerdrückten Knoblauch, dem Féta und den Kapern pürieren. Mit der Mayonnaise vermischen und mit einer Prise Zucker abschmecken. Den Salat mit dieser hellgrünen Creme überziehen. Mit der Petersilie und den restlichen Kapern dekorieren.

Bemerkung
Die zyprischen Mayonnaisesalate deckt man stets mit einer glatten, cremigen Schicht ab, die dekoriert wird.

Süßspeisen
Epidórpia

Charlotte »Lúlla«
Charlótta »Lúlla«

für 8 Personen

8 Stunden kühlstellen

1/2 l Kirschsaft
2 EL Puderzucker
1 2/3 Tütchen Gelatine
100 g Löffelbiskuits
200 g Bananen
250 g gekochte Birnen (Dose)
100 g Mandelblättchen
1/4 l frischer Zitronensaft
Zucker
200 ml Schlagsahne
1 Tütchen Vanillinzucker
1 EL Krokant

◆ *Eine hochwandige Schüssel in die Tiefkühltruhe stellen.*
Den Kirschsaft mit dem Puderzucker verrühren und mit 1 Tütchen Gelatine nach der Anweisung auf der Packung ein Gelee herstellen. Die Hälfte in die gekühlte Schüssel geben. Die Biskuits darauf verteilen und das restliche Gelee darüberschichten. Kaltstellen.
Die Bananen und die abgetropften Birnen kleinschneiden und mit den Mandeln vermischen.
Aus dem Zitronensaft, 250 g Zucker und der übrigen Gelatine ein zweites Gelee zubereiten. Das Obst und die Mandeln daruntermischen, ein wenig abkühlen lassen und auf dem inzwischen festen Kirschgelee verteilen. Erneut kaltstellen. Wenn auch diese Schicht fest geworden ist, die Sahne mit 1 EL Zucker und dem Vanillinzucker steif schlagen und das Gelee damit bestreichen. Acht Stunden kühlstellen.
Unmittelbar vor dem Servieren mit dem Krokant garnieren.

Aprikosencharlotte
Charlótta me chrisómila

für 6 Personen

8 Stunden kühlstellen

225 g Aprikosenmarmelade
10 EL Aprikosensaft
125 g Löffelbiskuits
300 g gekochte Aprikosen (Dose)
150 g gehackte Walnüsse
250 g Sahnejoghurt (10 % Fett)
100 g Zucker
4 EL Aprikosenlikör
1 Tütchen Gelatine
200 ml Schlagsahne
8 glasierte Walnußhälften (siehe Rezept)

◆ *Die Aprikosenmarmelade mit dem Aprikosensaft mischen und die Hälfte auf dem Boden einer Schüssel ausbreiten. Die Biskuits darauf verteilen und zunächst die restliche Marmelade darüber verstreichen, dann die abgetropften, geviertelten Aprikosen mit den gehackten Walnüssen darauflegen.*
Den Joghurt mit dem Zucker und dem Aprikosenlikör mischen. Die Gelatine nach der Anweisung auf der Packung in Wasser lösen und unter den Joghurt heben. Die Sahne schlagen und unterziehen. Die Creme über den Aprikosen verteilen. Acht Stunden kühlstellen.
Vor dem Servieren mit den glasierten Walnüssen garnieren.

Erdbeercharlotte

Charlótta me fráules kä kréma

für 6 Personen

8 Stunden kühlstellen

500 g Erdbeeren
200 g Erdbeermarmelade
*6 EL Commandaría**
175 g Löffelbiskuits
300 g Sahnejoghurt (10 % Fett)
150 g Zucker
5 EL Zitronensaft
1 Tütchen Gelatine
*4 EL Filfár**
300 ml Schlagsahne

◆ *Acht schöne, kleine Erdbeeren für die Dekoration zur Seite legen. Die Erdbeermarmelade mit dem Commandaría mischen.*
In einer hochwandigen Schüssel die Hälfte der Biskuits auslegen und mit der Hälfte der Marmeladenmischung tränken. Die Erdbeeren darauf verteilen und die restlichen Biskuits darübergeben. Mit der übrigen Marmeladenmischung bedecken.
Den Joghurt mit dem Zucker vermischen und mit dem Zitronensaft abschmecken. Die Gelatine nach der Anweisung auf der Packung in Wasser lösen und unter den Joghurt heben. Den Filfár hinzufügen. Die Sahne schlagen und unterziehen. Die Joghurtcreme über die Löffelbiskuits geben. Acht Stunden kühlstellen.
Vor dem Servieren mit den Erdbeeren garnieren.

Zyprischer »Trifle«

Tráifol kipriakó

für 4-6 Personen

2 Stunden kühlstellen

125 g Sandkuchen
4 EL Sherry (Cream)
225 g Kirschmarmelade
125 g Mandelküchlein (siehe Rezept)
250 g Kirschkompott
1/3 l Milch
2 Eigelb
1 EL Zucker
2 Tütchen Vanillinzucker
1 EL Stärkemehl
frische Kirschen

◆ *Mit dem in Scheiben geschnittenen Sandkuchen mehrere ausreichend große Dessertschalen auslegen und mit dem Sherry beträufeln. Die Kirschmarmelade auf den Kuchenscheiben verteilen und mit den zerbröckelten Mandelküchlein bestreuen. Das abgetropfte Kirschkompott darübergeben.*
Die Milch mit den Eigelben, dem Zucker, dem Vanillinzucker und dem Stärkemehl verschlagen und im Wasserbad unter ständigem Rühren erhitzen, bis die Stärke gebunden ist. Ein wenig abkühlen lassen. Die Sauce über die Kirschen gießen und zwei Stunden kühlstellen.
Vor dem Servieren mit einigen frischen Kirschen garnieren.

Variante
Die Mandelküchlein können durch Mandelmakronen oder Amaretti ersetzt werden.

Gelee mit Mandelcreme
Amigdalókrema

Dieser erfrischende Nachtisch wird gut gekühlt an heißen Sommertagen serviert.

für 4-6 Personen

2 Stunden kühlstellen

450 ml Kirschsaft
5 EL Kirschsirup
Bittermandelaroma
1 Tütchen Gelatine
Glikó-Kirschen (siehe Rezept)*

für die Mandelcreme:
1 Tütchen Gelatine
1/4 l Milch
1/4 l Sahne
3 EL Zucker
2 Tütchen Vanillinzucker
200 g Marzipanrohmasse

◆ *Den Kirschsaft mit dem Sirup mischen. Nachsüßen, falls die Mischung nicht süß genug ist. Einige Tropfen Bittermandelaroma zugeben. Aus dem Saft und der Gelatine nach der Anweisung auf der Packung ein Gelee herstellen. Damit mehrere Dessertschalen zur Hälfte füllen und kühlstellen, bis das Gelee fest geworden ist.*
Für die Mandelcreme zunächst die Gelatine gemäß der Packungsanweisung in Wasser einweichen. Unterdessen die Milch und die Sahne mit dem Zucker und dem Vanillinzucker aufkochen. Die Marzipanmasse grob reiben und unter die Milch rühren. Die Gelatine erwärmen, bis sie gelöst ist, und in die Milch geben. Einmal kurz aufkochen und ein wenig abkühlen lassen, damit das Kirschgelee nicht aufgelöst wird. Die Mandelcreme auf dem Kirschgelee verteilen und kühlstellen.
Die Schalen nicht schütteln, bis alles völlig erkaltet ist, weil sich sonst die Schichten mischen könnten. Vor dem Servieren mit jeweils einer Glikó-Kirsche garnieren.

Variante
Die Glikó-Kirschen können durch Cocktailkirschen ersetzt werden.

Vanillecreme mit Granatapfelkernen
Kréma wanílias me ródia

für 4 Personen

3 Stunden kühlstellen

3/4 Tütchen Gelatine
4 Eigelb
100 g Zucker
1 Tasse Milch
1 Vanilleschote
4 Eiweiß
Zitronensaft
1/4 l Schlagsahne
110 g Granatapfelkerne
*4 EL Commandaría**
100 g gehackte Walnüsse

◆ *Die Gelatine in 4 EL Wasser 10 Minuten einweichen.*
Unterdessen die Eigelbe, den Zucker, die Milch und das Mark der Vanilleschote im heißen Wasserbad verschlagen, bis die Masse cremig wird. Die Gelatine erwärmen, lösen und unter die Eiermasse ziehen. Kurz kühlstellen.
Die Eiweiß mit einigen Tropfen Zitronensaft steif schlagen. Die Sahne ebenfalls schlagen. Zehn Granatapfelkerne für die Dekoration zur Seite legen.
Wenn die Eiermasse anfängt zu stocken, den Commandaría einrühren; den Eischnee und die Sahne unterheben. Anschließend die Walnüsse und die Granatapfelkerne in die Creme einrühren, in Dessertschalen oder in eine Schüssel füllen und drei Stunden kühlstellen. Mit Folie abdecken, damit sich keine zähe Haut bildet.
Vor dem Servieren mit den Granatapfelkernen garnieren.

Commandaríacreme mit Walnüssen
Kréma commandaría

für 4 Personen

3 Stunden kühlstellen

3/4 Tütchen Gelatine
4 Eigelb
100 g Zucker
*175 ml Commandaría**
4 Eiweiß
Zitronensaft
175 ml Sahne
150 g gehackte Walnüsse
4 glasierte Walnüsse (siehe Rezept)

◆ *Die Gelatine in 4 EL Wasser 10 Minuten einweichen.*
Unterdessen die Eigelbe, den Zucker und den Commandaría im heißen Wasserbad verschlagen, bis die Masse cremig wird. Die Gelatine erwärmen, lösen und unter die Eiermasse ziehen. Kurz kühlstellen.
Die Eiweiß mit etwas Zitronensaft steif schlagen. Die Sahne ebenfalls schlagen.
Wenn die Eiermasse anfängt zu stocken, die gehackten Walnüsse, den Eischnee und die Sahne unterheben. In Dessertschalen oder in eine Schüssel füllen und kühlstellen. Mit Folie abdecken, damit sich keine zähe Haut bildet.
Vor dem Servieren mit den glasierten Walnüssen garnieren.

Joghurtcreme mit Aprikosensauce

Jiaurtókrema me sáltsa chrisómila

für 4 Personen

3 Stunden kühlstellen

200 g Sahnejoghurt (10 % Fett)
180 g Zucker
1 Tütchen Vanillinzucker
3 EL Zitronensaft
1 Tütchen Gelatine
2 Eigelb
200 ml Schlagsahne
2 Eiweiß
4 glasierte Walnußhälften (siehe Rezept)

für die Aprikosensauce:
300 g vollreife Aprikosen
200 g Zucker
1 Tütchen Vanillinzucker
*3 EL Commandaría**

◆ *Den Joghurt mit dem Zucker, dem Vanillinzucker und dem Zitronensaft verquirlen. Die Gelatine nach der Packungsanweisung in Wasser aufquellen lassen. Unterdessen die Eigelbe mit einem Viertel der Sahne im heißen Wasserbad verschlagen, bis die Masse cremig wird. Die Eicreme unter den Joghurt heben. Nun die Gelatine erwärmen, bis sie gelöst ist. Unter die Joghurtcreme rühren. Kurz abkühlen lassen, bis die Masse beginnt zu binden. Die Eiweiß und die restliche Sahne schlagen und nacheinander unter die Creme ziehen. In kalt ausgespülte Dessertschalen füllen und in den Kühlschrank stellen.*
Für die Sauce die Aprikosen entkernen und pürieren. Mit dem Zucker aufkochen und mit dem Vanillinzucker und dem Commandaría abschmecken. Kühl stellen.
Zum Servieren die Joghurtcremes stürzen, mit je einer Walnußhälfte garnieren und mit Aprikosensauce umgeben.

Mokkacreme

Kréma mókka

für 4 Personen

3 Stunden kühlstellen

4 TL türkischer Kaffee
2/3 Tütchen Gelatine
3 Eigelb
100 g Puderzucker
2 EL Weinbrand
Bittermandelaroma
3 Eiweiß
1/4 l Schlagsahne
50 g Haselnüsse

◆ *170 ml kaltes Wasser mit dem gemahlenen Kaffee verrühren und in einem kleinen Topf zum Sieden bringen. Sobald der Kaffee schäumt, vom Herd nehmen und abkühlen lassen. Abgießen, so daß der Satz zurückbleibt, und zur Seite stellen. Die Gelatine in 4 EL Wasser einweichen. Die Eigelbe mit dem Puderzucker im heißen Wasserbad verschlagen. Nach und nach Kaffee, Weinbrand und einige Tropfen Bittermandelaroma beifügen. Die Gelatine erwärmen und lösen. In die Kaffeemischung einrühren. Abkühlen lassen, bis die Masse anfängt zu erstarren.*
Unterdessen die Eiweiß und die Schlagsahne getrennt steif schlagen. Beides unter das Gelee ziehen. In eine Schüssel geben und drei Stunden in den Kühlschrank stellen. Vor dem Servieren mit den gerösteten Haselnüssen garnieren.

Variante
Statt der Haselnüsse einige Mokkabohnen verwenden.

Zitronencreme
Kréma lemóni

für 4 Personen

2 Stunden kühlstellen

3/4 Tütchen Gelatine
4 Eigelb
250 g Zucker
Zitronensaft
1 EL geriebene Zitronenschale
4 Eiweiß
1/4 l Schlagsahne
*4 EL Filfár**
glasierte Orangenschalen (siehe Rezept)

◆ *Die Gelatine in 4 EL Wasser 10 Minuten einweichen.*
Unterdessen die Eigelbe, den Zucker, 100 ml Zitronensaft und die Zitronenschale im heißen Wasserbad verschlagen, bis die Masse cremig wird. Die Gelatine erwärmen, lösen und unter die Eiermasse ziehen. Kurz kühlstellen.
Die Eiweiß mit etwas Zitronensaft steif schlagen. Die Sahne schlagen.
Wenn die Eigelbmasse anfängt zu stocken, den Filfár einrühren; den Eischnee und die Sahne unterheben. Die Creme in Dessertschalen oder in eine Schüssel füllen und zwei Stunden kühlstellen. Mit Folie abdecken, damit sich keine Haut bildet.
Vor dem Servieren mit den Orangenschalen garnieren.

Variante

Orangencreme
Kréma portokáli

◆ *Für Orangencreme den Zitronensaft und die Zitronenschale durch frischen Orangensaft und Orangenschale ersetzen und nur 200 g Zucker nehmen.*

Reismehlpudding
Machallepí me to gála

Ursprünglich wurde *Machallepí* – die türkische Bezeichnung lautet *»Muhallebi«* – auf Zypern nur aus Reismehl, Zucker, Wasser und reichlich Rosenwasser hergestellt. Diese Variante wird jedoch oft als überparfümiert empfunden.

für 4 Personen

3/4 l Milch
60 g Reismehl
120 g Zucker
*2 EL Filfár**
*4 EL Orangenblütenwasser**
4 glasierte Walnußhälften (siehe Rezept)

◆ *1/4 l Milch mit dem Reismehl verrühren. Die übrige Milch mit dem Zucker zum Kochen bringen. Das gelöste Reismehl langsam hinzufügen. Die Hitze verringern. Rühren, bis der Pudding eindickt. Vom Herd nehmen und ein wenig abkühlen lassen. Gelegentlich umrühren, damit sich keine Haut bildet. Wenn der Pudding etwa 60° erreicht hat, den Filfár und das Orangenblütenwasser unterrühren und in Dessertschalen füllen. Mit den Walnüssen garnieren und mit Folie abdecken, damit sich keine Haut bildet.*
Gut gekühlt servieren.

Variante
Orangenblütenwasser und Filfár durch einige Tropfen Bittermandelaroma und 4 EL Rosenwasser ersetzen.*

Crêpes mit Granatapfelkernen
Krépes me ródia

für 4 Personen

30 Minuten vorher beginnen

2 kleine Eier
1/8 l Milch
100 g Weizenmehl
Margarine
Puderzucker
Salz

für die Füllung:
*1 Glas Commandaría**
4 EL Zucker
1 Tütchen Vanillinzucker
1 TL Stärkemehl
150 g Granatapfelkerne
50 g gehackte Walnüsse

◆ *Die Eier mit der Milch und einer Prise Salz verquirlen. Das Mehl nach und nach unterrühren. Den Teig 30 Minuten kühlstellen.*
Für die Füllung den Commandaría mit dem Zucker und dem Vanillinzucker verrühren. Das Stärkemehl in 1/2 Tasse Wasser lösen und dem Commandaría zufügen. Umrühren und erhitzen. Wenn die Sauce gebunden ist, vom Herd nehmen; die Granatapfelkerne und die Walnüsse hinzufügen.
Etwas Margarine erhitzen und nach und nach vier dünne Crêpes backen. Auf einen Serverteller legen, eine Hälfte mit der Sauce füllen und die andere Hälfte umschlagen. Mit Puderzucker bestreuen. Wenn alle Crêpes fertig sind, mit der restlichen Sauce garnieren.

Variante
Die Granatapfelsauce kann auch zu Vanille- oder Schokoladeneis und zu gebratenen, flambierten Bananen gereicht werden.

Marktszenen
in Nikosia

Stand mit
Sudsúko

Quitten-Glikó

Rahmschnecke
(Tsipópitta)

◆ *Das Mehl, die Hefe, 1 TL Zucker und den Vanillinzucker vermischen und mit der Milch, 5 EL lauwarmem Wasser, dem Ei und der Zitronenschale zu einem glatten Teig verrühren. 10 Minuten an einem warmen Ort ruhen lassen.*
Etwas Margarine erhitzen und nach und nach vier dünne Pfannkuchen backen. Jeden Pfannkuchen mit 1 EL Orangenmarmelade bestreichen und zusammenrollen. Den Filfár mit 1 EL Zukker, dem Saft und 1 EL Orangenmarmelade erwärmen. Die zusammengerollten Pfannkuchen hineinlegen und kurz aufkochen. Den Weinbrand hinzugießen. Servieren, bevor der Alkohol völlig verdunstet ist.

Orangenpfannkuchen
Krépes majiás
me portokáli

für 4 Personen

100 g Weizenmehl
1/2 Tütchen Trockenhefe
Zucker
1 Tütchen Vanillinzucker
1/8 l lauwarme Milch
1 Ei
geriebene Zitronenschale
Margarine
5 EL bittere
Orangenmarmelade
*5 EL Filfár**
1/2 Tasse frischer
Orangensaft
5 EL Weinbrand

Kleine Pfannkuchen
Lalangúthkia

für 4 Personen

1 Stunde vorher beginnen

1/2 Tasse Rosinen
*4 EL Commandaría**
1 Tasse gehackte Walnüsse
1/4 TL gemahlener Zimt
150 g Weizenmehl
Zucker
1 Tütchen Trockenhefe
Pflanzenöl
Salz

für die Sauce:
1 TL Butter
2 Tassen frischer Orangensaft
2 EL Zucker
2 Tütchen Vanillinzucker
geriebene Orangenschale
1/2 TL Stärkemehl
2 EL Weinbrand

◆ *Die Rosinen in dem Commandaría einweichen. Die Walnüsse und den Zimt hinzufügen.*
Für die Sauce die Butter schmelzen. Den Saft, den Zucker, den Vanillinzucker, etwas geriebene Orangenschale und eine Prise Salz hinzufügen. Aufkochen. Das Stärkemehl in dem Weinbrand lösen und in die Sauce einrühren. Wenn die Sauce gebunden ist, vom Herd nehmen und kaltstellen.
Für den Teig das Mehl mit 1 EL Zucker, der Hefe und einer Prise Salz mischen und mit 100 ml lauwarmem Wasser zu einem glatten Teig verquirlen. Eine Stunde an einem warmen Ort ruhen lassen.
Den Teig mit der Rosinenmischung verrühren. Reichlich Öl erhitzen. Den Teig teelöffelweise in die Pfanne geben und backen, bis die obere Seite gräulich aussieht. Wenden und backen, bis die Pfannkuchen auf beiden Seiten braun und knusprig sind. Auf Küchenkrepp legen, damit das Fett aufgesaugt wird. Mit Zucker bestreuen.
Warm servieren und die Sauce kalt dazu reichen.

Süßes Gebäck und Süßigkeiten
Glikísmata kä álla gliká

Erdbeertorte
Túrta me fráules

150 g Weizenmehl
65 g Zucker
1/4 TL geriebene Zitronenschale
1 Ei
75 g Margarine
Salz

für den Belag:
4 EL Weinbrand
150 g Erdbeermarmelade
500 g mittelgroße Erdbeeren
2 Tütchen Tortenguß
1/2 l Rotwein (Othello oder Chianti classico)
4 EL Zucker
100 ml Schlagsahne
1 Tütchen Vanillinzucker

◆ *Für den Boden das Mehl mit dem Zucker, der Zitronenschale und einer Prise Salz vermischen. Das Ei und die Margarine hinzufügen und alles zu einem Teig verkneten. Eine Stunde zugedeckt in den Kühlschrank stellen.*
Eine Springform einfetten und mit Mehl ausstreuen. Den Mürbeteig darin ausbreiten. In den auf 170° vorgeheizten Ofen stellen und 20 Minuten backen. Den Boden in der Form vollständig abkühlen lassen.
Den abgekühlten Boden, noch in der Form, mit dem Weinbrand beträufeln und mit der Erdbeermarmelade bestreichen. Die Erdbeeren gleichmäßig darauf verteilen. Den Tortenguß nach der Packungsanweisung mit dem Wein und dem Zucker zubereiten. Darauf achten, daß der Wein aufkocht und der Alkohol verdunstet. Den Tortenguß über den Erdbeeren verteilen. Abkühlen lassen, bis er fest geworden ist. Erst dann den Ring der Form abnehmen.
Für die Dekoration die Sahne mit dem Vanillinzucker steif schlagen. Die Torte damit verzieren.

Neujahrskuchen
Wasilópitta

Dieser Kuchen wird in der Silvesternacht gegessen. Wer die Münze in seinem Stück findet, hat Glück im neuen Jahr.

200 g geschälte Mandeln
300 g Weizenmehl
1 Tütchen Backpulver
200 g Margarine
200 g Zucker
5 Eier
1 Tasse frischer Orangensaft
1 EL geriebene Zitronenschale
1 EL geriebene Orangenschale
1 Tütchen Vanillinzucker
*5 EL Filfár**

◆ *Die Mandeln kurz in einer Pfanne ohne Fett rösten; sie sollen jedoch nicht braun werden. Anschließend fein mahlen.*
Das Mehl mit dem Backpulver und den Mandeln vermischen. Die Margarine mit dem Zucker und den Eiern schaumig schlagen. Das Mehl, den Saft, die Zitronen- und Orangenschalen, den Vanillinzucker und den Filfár beifügen und alles gut verrühren.
Eine Springform einfetten und mit Mehl ausstreuen. Die Hälfte des Teigs hineingeben. Die Goldmünze senkrecht in der Nähe des Randes so in den Teig stecken, daß ihre Kante zur Mitte des Kuchens weist. Den Rest des Teigs vorsichtig darübergießen.
Den Kuchen in den auf 170° vorgeheizten Ofen stellen und 15 Minuten backen. Die Temperatur auf 150° reduzieren und weitere 45 Minuten backen.

Für den Überzug das Orangenblütenwasser mit dem Puderzucker vermischen. Den noch warmen Kuchen damit überziehen. Anschließend mit dem Mandelkrokant bestreuen.

1 Goldmünze
*4 EL Orangenblütenwasser**
250 g Puderzucker
50 g Mandelkrokant

Bemerkung
Die Münze sollte auf jeden Fall aus Gold sein. Münzen aus anderen Metallen geben beim Backen Metalloxyde, die gesundheitsschädlich sein können, an den Kuchen ab.

Gerollter Mandelkuchen

Glíkisma amigdálon tilichtó

250 g Weizenmehl
1/2 Tütchen Backpulver
100 g Zucker
1 Tütchen Vanilinzucker
1 Ei
1 EL Weinbrand
125 g Margarine
Bittermandelaroma
2 Eigelb

für die Füllung:
300 g ungeschälte, geriebene Mandeln
150 g Zucker
5 EL Weinbrand
2 Eiweiß

◆ *Das Mehl, das Backpulver, den Zucker und den Vanillinzucker vermischen. Das Ei, den Weinbrand, die Margarine und reichlich Bittermandelaroma hinzufügen und alles zu einem glatten Teig verkneten. In Folie verpackt 20 Minuten kühlstellen.*
Unterdessen für die Füllung die Mandeln mit dem Zucker vermischen. Den Weinbrand hinzufügen, das Eiweiß unterziehen.
Den Teig auf einem mit Mehl bestreuten Tuch ausrollen. Seine Breite sollte sich nach der Länge der benutzten Kastenform richten. Die Füllung auf dem Teig verstreichen und einrollen. Die Kastenform einfetten und mit Mehl ausstreuen. Die Rolle mit der Naht nach unten hineinlegen und mit den verquirlten Eigelben bestreichen. Die Oberfläche in einem Zickzackmuster einstechen.
Den Kuchen in den auf 175° vorgeheizten Ofen stellen und 20 Minuten backen. Die Temperatur auf 160° reduzieren und weitere 25 Minuten backen.

Walnußtorte mit Orangenblütencreme

Karidóturta me kréma

200 g grobgehackte Walnüsse
7 Eiweiß
Zucker
1 EL gemahlener Zimt
Paniermehl
1/4 l Schlagsahne
1 TL Kakaopulver
12 glasierte Walnußhälften (siehe Rezept)

für die Füllung:
8 TL Stärkemehl
900 ml Milch
7 Eigelb
85 g Zucker
1 Vanilleschote
*100 ml Orangenblütenwasser**

◆ *Für den Boden die Eiweiß mit 150 g Zucker und dem Zimt steif schlagen. Behutsam die Walnüsse unterheben.*

Eine Springform einfetten und mit Paniermehl ausstreuen. Die Walnußmasse hineingeben und gleichmäßig verstreichen. In den auf 150° vorgeheizten Backofen stellen und 45 bis 60 Minuten backen. Den Kuchenboden vollkommen erkalten lassen, dann erst aus der Form lösen und einmal zur Hälfte horizontal durchschneiden.

Für die Füllung das Stärkemehl in 1 Tasse Milch lösen. Die restliche Milch im heißen Wasserbad mit den Eigelben, dem Zucker und dem Mark der Vanilleschote verschlagen. Wenn die Masse aufschäumt, die Milch mit dem Stärkemehl hinzugeben. Die Masse weiterhin schlagen, bis die Creme dickflüssig ist. Aus dem Wasserbad nehmen und etwas abkühlen lassen. Das Orangenblütenwasser beifügen und die Creme nochmals kurz durchschlagen. Weiter abkühlen lassen.

Den unteren Walnußboden in die Springform legen. Die Füllung auf dem Kuchenboden glatt verteilen. Die Form 15 Minuten in den Kühlschrank stellen, damit sich die Creme verfestigt. Den zweiten Boden auflegen. Den Kuchen erneut in den Kühlschrank stellen, bis er vollkommen erkaltet ist.

Für den Überzug die Sahne mit 2 TL Zucker steif schlagen. Den Kuchen damit gleichmäßig überziehen. Mit dem Kakao bestreuen und mit den Walnußhälften garnieren.

Mandelküchlein
Ergoláwi kä pastítsia

300 g geschälte, geriebene Mandeln
250 g Zucker (Feinraffinade)
3 Tütchen Vanillinzucker
1 TL geriebene Zitronenschale
3 Eiweiß
1 TL Zitronensaft
Paniermehl

◆ *Die Mandeln mit dem Zucker, dem Vanillinzucker und der Zitronenschale vermischen. Die Eiweiß mit dem Zitronensaft steif schlagen und die Mandeln behutsam unterheben.*
Die Mandelmasse in einen Spritzbeutel füllen. Ein Backblech einfetten und mit Paniermehl bestreuen. Die Plätzchen daraufspritzen. Ergoláwi sind länglich und leicht gekrümmt, Pastítsia rund und ein wenig kleiner.
Das Backblech in den auf 160° vorgeheizten Ofen schieben und die Ergoláwi etwa 30, die Pastítsia etwa 25 Minuten backen. Aus dem Ofen nehmen, 1 Minute abkühlen lassen und die Plätzchen vom Backblech nehmen.

Variante
Die Zitronenschale durch ungespritzte Orangen- oder Mandarinenschale ersetzen.

Anarí-Taschen
Burékia me anarí

für 40 Stück

300 g Weizenmehl
Pflanzenöl
Puderzucker
Salz

für die Füllung:
*400 g ungesalzener Anarí**
1 TL gemahlener Zimt
130 g Zucker

◆ *Für die Füllung den Anarí mit dem Zimt und dem Zucker vermischen und mit dem Handrührgerät zu einer glatten Paste verrühren.*
Für den Teig das Mehl mit einer Prise Salz vermischen. 2 EL Öl und 1 Tasse Wasser zugeben; durchkneten. Den Teig zu einer Kugel formen, mit ein wenig Öl einpinseln und bei Zimmertemperatur eineinhalb bis zwei Stunden zugedeckt ruhen lassen.
Den Teig in vier Portionen teilen und auf einer mit Mehl bestreuten Fläche möglichst dünn ausrollen. Scheiben von etwa 9 cm Durchmesser ausstechen. Jeweils 1 TL Füllung darauf geben, die Ränder mit Wasser anfeuchten und die Scheiben zu Halbmonden umfalten. Den Rand gut zudrücken. Falls nötig, die Kanten begradigen. Die Teigreste erneut verkneten, ausrollen und füllen, bis der Teig aufgebraucht ist.
Genügend Öl auf 170° erhitzen und die Taschen fritieren. Herausnehmen, abtropfen lassen und mit reichlich Puderzucker bestreuen.

Creme-Taschen
Burékia me kréma

für die Füllung:
1 l Milch
50 g Reismehl
160 g Zucker
3 Eigelb
Bittermandelaroma

◆ *Für die Creme ein Wasserbad vorbereiten. In einem Drittel der Milch das Reismehl lösen. Die restliche Milch mit dem Zucker und den Eigelben verquirlen und unter ständigem Rühren im Wasserbad erwärmen. Wenn die Milch zu sieden beginnt, die Hitze verringern und die Milch mit dem Reismehl zugießen. Bittermandelaroma nach Geschmack hinzufügen. Wenn die Creme eingedickt ist, aus dem Wasserbad nehmen. Zudecken und im Kühlschrank vollständig erkalten lassen.*
Einen Teig wie im vorstehenden Rezept herstellen und wie oben angegeben füllen.

Zarte Vanillekugeln
Kurabiédes

am Vortag beginnen

150 g geschälte Mandeln
500 g Weizenmehl
250 g Butter
Puderzucker
2 Tütchen Vanillinzucker
2 Eigelb
1 TL Weinbrand
*Orangenblütenwasser**

◆ *Die Mandeln rösten und grob mahlen. Mit dem Mehl mischen. Die Butter mit 5 EL Puderzucker, dem Vanillinzucker und den Eigelben schaumig rühren. Den Weinbrand und die Mandel-Mehl-Mischung dazugeben. Zu einem Teig kneten. In Folie einwickeln und über Nacht in den Kühlschrank stellen.*
Am nächsten Tag den Teig auf Zimmertemperatur erwärmen. Ein Backblech einfetten, aus dem Teig walnußgroße Kugeln formen und darauflegen. In den auf 160° vorgeheizten Ofen schieben und rund 20 Minuten backen. Auf dem Blech erkalten lassen.
Jede Kugel zweimal in Orangenblütenwasser tauchen und reichlich mit Puderzucker bestreuen.

Grießkugeln mit Mandelfüllung

Lokúmia

am Vortag beginnen

160 g Margarine
400 g feiner Hartweizengrieß
1 Stange Zimt
*Orangenblütenwasser**
200 g Puderzucker

für die Füllung:
50 g grobgemahlene Mandeln
1 EL Zucker
1/4 TL gemahlener Zimt
geriebene Orangenschale

◆ *Für den Teig die Margarine mit dem Grieß verkneten und über Nacht kühlstellen.*
Am folgenden Tag die Zimtstange in 200 ml Wasser aufkochen und das heiße Wasser mit dem Teig verkneten. Soviel Wasser verwenden, daß ein fester, glatter Teig entsteht.
Für die Füllung die Mandeln mit dem Zucker, dem Zimt, der Orangenschale und 1 EL Orangenblütenwasser vermischen.
Aus walnußgroßen Teigstücken kleine Hohlkörper formen, indem man mit dem Zeigefinger den Teig gegen die gekrümmte Innenseite der anderen Hand drückt; jeden mit etwas Mandelmasse füllen. Mit Teig verschließen und zu einer Kugel formen. Auf ein Backblech legen.
Bei 150° etwa 20 Minuten backen. Die Kugeln sollten nicht braun werden. Herausnehmen und abkühlen lassen.
Kurz in Orangenblütenwasser tauchen und anschließend in Puderzucker wälzen.

Variante
Die Mandeln durch Pistazien ersetzen.

Damenfinger

Dáktila ton kirión

200 g Weizenmehl
1/4 l heißes Wasser
Pflanzenöl
Salz

für den Sirup:
1 Tasse Zucker
1/2 Tasse Honig
4 Gewürznelken
1 Stück Orangenschale
1 Stange Zimt
1 EL Zitronensaft
*1/2 Tasse Rosenwasser**

für die Füllung:
100 g ungeschälte, geriebene Mandeln
1 TL gemahlener Zimt
2 EL Zucker
*5 TL Rosenwasser**

◆ *Für den Sirup 2 Tassen Wasser mit dem Zukker, dem Honig, den Nelken, der Orangenschale und dem Zimt zum Kochen bringen und etwas einkochen lassen. Den Zitronensaft hinzufügen. Vom Herd nehmen und zur Seite stellen. Wenn der Sirup abgekühlt ist, das Rosenwasser einrühren.*

Für den Teig das Mehl mit 1/3 TL Salz vermischen, das kochendheiße Wasser hinzugießen und mit dem Mehl zu einem geschmeidigen Teig verarbeiten. Zu einem Ballen formen und 30 Minuten zugedeckt zur Seite stellen.

Unterdessen für die Füllung die Mandeln mit dem Zimt, dem Zucker und dem Rosenwasser vermischen.

Den Teig in walnußgroße Kugeln teilen und auf einer eingeölten Fläche ausrollen, so daß die einzelnen Teigstücke etwa 12 mal 9 cm groß werden. 1 TL Füllung in die Mitte geben und länglich verteilen. Die Teigflächen jeweils auf einer Seite längs zu einem Drittel einschlagen und die Füllung damit bedecken. Mit etwas Wasser anfeuchten und die gegenüberliegende Seite umschlagen. Die Nahtstellen in der Mitte mit dem Finger sorgfältig zusammendrücken. Es entstehen 12 cm lange und 3 cm breite Teigtaschen, deren Enden mit den Zinken einer Gabel fischschwanzartig eingedrückt werden.

Genügend Öl erhitzen und die Dáktila darin goldbraun fritieren. Herausnehmen, gut abtropfen lassen und kurz in den lauwarmen Sirup tunken. Sofort servieren.

Bemerkung

Dáktila können einige Stunden im voraus vorbereitet und erst kurz vor dem Servieren fritiert werden.

Sesamschnecken
Tachinópittes

für 14 Stück

400 g Weizenmehl
100 g dunkles Weizenmehl (Type 1050)
75 g Zucker
1 Tütchen Trockenhefe
300 ml lauwarme Milch
150 g Puderzucker
*1 EL Orangenblütenwasser**

für die Füllung:
*300 g ungezuckerte Tachí**
150 g Puderzucker
1 Tütchen Vanillinzucker
3 EL Zitronensaft
*2 EL Orangenblütenwasser**
2 EL Rosinen

◆ *Für den Teig das Mehl mit dem Zucker und der Trockenhefe mischen. Die Milch hinzufügen und alles zu einem Teig verkneten. Zudecken, an einen warmen Ort stellen und eine Stunde gehen lassen, bis der Teig sich verdoppelt hat.*
Unterdessen für die Füllung die Tachí mit dem Puderzucker, dem Vanillinzucker, dem Zitronensaft und dem Orangenblütenwasser vermischen. Die Rosinen untermengen.
Für den Guß den Puderzucker mit dem Orangenblütenwasser und 2 EL Wasser verrühren.
Den Teig durchkneten und in 14 Kugeln teilen. Diese auf einer mit Mehl bestreuten Fläche zu Scheiben von 14 cm Durchmesser ausrollen. 1 EL Füllung auf jeden Fladen geben, den Rand zur Hälfte mit warmem Wasser befeuchten und den Fladen von der gegenüberliegenden Seite her so einrollen, daß eine zigarrenartige Form entsteht. Einige Male hin und her rollen, damit das Teigstück rund wird und sich fest verschließt. An der Nahtseite anfeuchten und mit der Naht nach innen zu einer Schnecke rollen. Das Ende andrücken; die Schnecken ein wenig abflachen. Mit einem Tuch zudecken und 15 Minuten gehen lassen.
Ein Backblech einfetten und die Schnecken darauflegen. In den auf 175° vorgeheizten Ofen schieben und rund 15 Minuten backen. Aus dem Ofen nehmen, die Schnecken vom Blech lösen und mit dem Zuckerguß dick bestreichen.
Frisch servieren.

Strudelrollen
Tilichtá

für 20 Stück

170 g Weizenmehl
170 g dunkles Weizenmehl (Type 1050)
3 EL Olivenöl
8 EL Puderzucker
*4 EL Commandaría**
Pflanzenöl
Salz

für die Füllung:
180 g Rosinen
*8 EL Commandaría**
180 g Walnüsse
125 g Zucker
1 TL gemahlener Zimt

◆ *Für den Teig das Mehl, das Olivenöl, 1/2 TL Salz und 185 ml lauwarmes Wasser mischen und mit dem Handrührgerät kneten, bis sich der Teig von der Schüssel löst. Anschließend den Teig weitere 10 Minuten von Hand kneten, in eine Plastiktüte stecken und eine Stunde bei Zimmertemperatur ruhen lassen.*
Für die Füllung die Rosinen in dem Commandaría einweichen. Die Walnüsse in einem Mörser zerstoßen und zusammen mit dem Zucker und dem Zimt unter die Rosinen mischen.
Den Teig in der Tüte lassen, während man jeweils walnußgroße Stücke abtrennt. Auf einer mit Mehl bestreuten Fläche hauchdünn bis zur Größe eines Frühstückstellers ausrollen. 1 bis 2 EL Füllung in länglicher Form auf dem vorderen Drittel der Teigfläche ausbreiten. Zunächst das schmalere Teigstück über die Füllung legen, dann die obere und untere Seite umschlagen und die Füllung einrollen, so daß ein Zylinder von etwa 10 cm Länge und 3 cm Durchmesser entsteht.
Weitere Rollen auf gleiche Weise herstellen. Den Teig nicht lange ausgerollt liegenlassen, da er sonst austrocknet und brüchig wird.
Ein Backblech einfetten und die Rollen darauflegen. Mit etwas Öl einpinseln. In den auf 200° vorgeheizten Ofen schieben und 15 bis 20 Minuten backen.
Für die Glasur den Puderzucker mit dem Commandaría verrühren. Die Röllchen aus dem Backofen nehmen, wenn sie angebräunt sind, und mit der Glasur überziehen.

Gebäck zu Epiphanias
Lokmádes (Xerotíana)

125 g mehlige Kartoffeln
180 g Weizenmehl
2/3 Tütchen Trockenhefe
1 TL Zucker
Pflanzenöl
Salz

für den Sirup:
1 Stange Zimt
1 Tasse Zucker
1/2 Tasse Honig
1 EL Zitronensaft
*1/2 Tasse Rosenwasser**

◆ *Für den Teig die gekochten Kartoffeln zerstampfen. Das Mehl mit der Trockenhefe, dem Zucker und einer Prise Salz vermischen. 240 ml lauwarmes Wasser sowie die Kartoffelmasse hinzufügen und alles zu einem geschmeidigen Teig kneten. Zugedeckt an einem warmen Ort zwei Stunden gehen lassen.*
Unterdessen für den Sirup den Zimt in 1 Tasse Wasser erhitzen. Den Zucker und den Honig darin lösen. Den Zitronensaft hinzufügen und etwa 10 Minuten köcheln lassen. Die Zimtstange herausnehmen und den Sirup abkühlen lassen. Wenn er Zimmertemperatur erreicht hat, das Rosenwasser hinzugießen.
Reichlich Öl auf 170° erhitzen und den Teig löffelweise fritieren, so daß kleine Bälle entstehen. Wenn sie goldbraun sind, herausnehmen, abtropfen lassen und in den Sirup tunken. Sofort servieren.

Rahmteig-Schnecken
Tsipopittákia

für 20 Stück

340 g Weizenmehl
30 g Butter
200 ml Sahne
*4 EL Rosenwasser**
8 EL Puderzucker
Salz

für die Füllung:
400 g ungeschälte, geriebene Mandeln
150 g Zucker
1 TL gemahlener Zimt
1/3 TL gemahlene Gewürznelke
2 TL geriebene Zitronenschale
*10 EL Rosenwasser**
6 EL Sahne

◆ *Für den Teig das Mehl mit 1/2 TL Salz vermischen. Die Butter, die Sahne und 5 EL lauwarmes Wasser hinzugeben und zu einem Teig kneten. In Folie einschlagen und bei Zimmertemperatur eine Stunde stehenlassen.*
Unterdessen die Füllungszutaten mischen und ziehen lassen.
Den Teig in 20 gleichmäßig kleine Bälle teilen und unter einer Folie liegen lassen, damit sie nicht austrocknen. Auf einer mit Mehl bestreuten Unterlage ovale Scheiben von etwa 8 bzw. 13 cm Durchmesser ausrollen. An der einen Längsseite knapp 2 EL Füllung verteilen. In Zigarrenform einrollen. An der Nahtseite anfeuchten und mit der Naht nach innen zu einer Schnecke rollen.
Ein Backblech einfetten und mit Mehl bestreuen. Die Schnecken darauflegen. In den auf 200° vorgeheizten Ofen schieben und rund 15 Minuten backen. Die Temperatur auf 170° reduzieren und weitere 10 Minuten backen.
Das Rosenwasser mit dem Puderzucker verrühren. Das noch warme Gebäck damit bestreichen.

Fritierte Grießtaschen in Sirup
Siámisii

für 12 Stück

250 g Weizenmehl
250 g Zucker
1/2 TL geriebene Orangenschale
Pflanzenöl

für die Füllung:
100 g Zucker
1 Tütchen Vanillinzucker
1/2 TL geriebene Orangenschale
100 g Hartweizengrieß
*2 EL Orangenblütenwasser**

◆ *Für den Teig das Mehl mit 110 ml kaltem Wasser verkneten. Eine Kugel formen, mit Öl einpinseln und 30 Minuten zur Seite stellen.*
Für die Füllung 1/4 l Wasser aufkochen. Den Zucker, den Vanillinzucker und die Orangenschale zugeben und den Grieß hineinstreuen. Gut umrühren und abkühlen lassen. Wenn der Brei Zimmertemperatur erreicht hat, das Orangenblütenwasser einrühren.
Für den Sirup 1/4 l Wasser aufkochen. Den Zucker darin lösen und die Orangenschale hineingeben. Köcheln lassen, bis die Flüssigkeit eingedickt ist.
Den Teig in Achtel teilen und auf einer mit Mehl bestreuten Fläche acht Streifen von 20 mal 30 cm Größe ausrollen. Auf vier der Streifen 6 EL Grießbrei so setzen, daß man jeden Streifen wiederum in sechs Quadrate von je 10 mal 10 cm schneiden kann, wobei eine Portion Grießbrei in der Mitte jedes Quadrats liegt. Die übrigen vier Teigstreifen auflegen und die Quadrate ausschneiden. Die Ränder etwas andrücken.
Reichlich Öl erhitzen und die Teigtaschen goldbraun fritieren. Herausnehmen, abtropfen lassen und in den Sirup tauchen.

Variante
Statt mit Orangenblütenwasser kann der Grießbrei mit Mastícha aromatisiert werden.*

Knuspriges Gebäck in Sirup
Pisíides

200 g Weizenmehl
240 ml heißes Wasser
2/3 TL gemahlener Zimt
50 g geriebene Mandeln
Pflanzenöl
Salz

für den Sirup:
1 Tasse Zucker
4 Gewürznelken
1 kleines Stück Zitronenschale
1/2 Tasse Honig
1 EL Zitronensaft
*1/2 Tasse Orangenblütenwasser**

◆ *Für den Sirup 2 Tassen Wasser erhitzen und den Zucker darin auflösen. Die Nelken in die Zitronenschale stecken und mit dem Honig und dem Zitronensaft dazugeben. Etwas einkochen lassen und zum Abkühlen zur Seite stellen.*
Für den Teig das Mehl mit einer Prise Salz und dem kochendheißen Wasser mischen und zu einem leichten Teig verschlagen.
Für die Füllung den Zimt mit den Mandeln vermischen.
Auf einer sparsam mit Öl bestrichenen Fläche den Teig mit einem eingeölten Nudelholz dünn ausrollen. Die Füllung daraufstreuen und einrollen. Die Rolle in 2 cm dicke Scheiben schneiden, diese flach hinlegen und je 2 bis 3 mm dick ausrollen.
Reichlich Öl in einer Pfanne erhitzen und die Scheiben goldbraun ausbacken, dabei gelegentlich etwas Öl über die Pisíides schöpfen. Herausnehmen und abtropfen lassen.
Die Zitronenschale aus dem Sirup entfernen und das Orangenblütenwasser hineinrühren. Das Gebäck kurz in den Sirup tunken. Sofort servieren.

Glasierte Orangenschalen
Portokalófluda glasé

am Vortag beginnen

100 g ungespritzte Orangenschalen
Zucker

◆ *Die Orangen schälen. Die Schale in 2 bis 3 mm dicke Streifen schneiden.*
5 EL Wasser erhitzen und darin 100 g Zucker lösen. Die Orangenschalen in den Sirup geben und köcheln lassen. Gelegentlich wenden, während der Sirup einkocht. Wenn die Flüssigkeit verdampft und der Zucker von den Schalen aufgenommen ist, die Hitze verringern. Die Schalen noch etwas Feuchtigkeit abgeben lassen. Darauf achten, daß der Zucker nicht karameliert.
Die Schalen auf einem mit Zucker bestreuten Teller ausbreiten und mit feinem Zucker bestreuen. Etwa zwölf Stunden offen austrocknen lassen.

Glasierte Walnüsse
Karídia glasé

200 g Walnußhälften
200 g Zucker

◆ *100 ml Wasser erwärmen und den Zucker darin lösen. Die Walnüsse abspülen, trocknen und in den Sirup geben. Rühren, bis die Flüssigkeit verdunstet ist und der Zucker am Rand zu kristallisieren beginnt. Die Hitze verringern. Die Nüsse werden unvermittelt trocken werden und Zuckerklumpen um sich bilden. Dann vom Herd nehmen und die Walnüsse auf ein Blech mit Antihaftbeschichtung legen. Sie müssen voneinander getrennt werden, solange sie heiß sind. Sollte die Oberfläche des Nußkonfekts zu rauh sein, das Blech noch einmal kurz unter den vorgeheizten Grill schieben.*
Vollständig erkalten lassen.

Kirschen in Sirup (Glikó-Kirschen)
Glikó kerási

1 kg nicht vollständig reife, feste Süßkirschen
1 kg Zucker
2 Tütchen Vanillinzucker
1 TL Zitronensaft

◆ *160 ml Wasser zum Kochen bringen und den Zucker darin lösen. Etwas einkochen lassen, bis ein zäher Sirup entsteht. Abkühlen lassen.*
Die entsteinten Kirschen mit ihrem Saft in den lauwarmen Sirup geben und aufkochen. Eventuell entstehenden Schaum abschöpfen. Den Vanillinzucker und den Zitronensaft hinzufügen und alles 5 Minuten köcheln lassen.
In kochendheiß ausgespülte Gläser geben. Wie bei der Marmeladenzubereitung luftdicht verschließen.

Varianten
> Die Kirschen durch ganze Aprikosen ersetzen. Eine Mandel an die Stelle des Kerns stecken und die Früchte 10 Minuten köcheln lassen.
> Auch nußgroße Quittenstücke können statt der Kirschen verwandt werden. In diesem Fall jedoch den Zitronensaft weglassen und je nach Sorte 5 bis 15 Minuten köcheln lassen.

Bemerkung
Auf Zypern nimmt man zum Entsteinen der Kirschen eine Drahtschlinge in der Form einer Haarnadel. Damit läßt sich der Kern am Stielansatz herausholen, ohne die Kirsche nennenswert zu beschädigen.

Datteln in Sirup (Glikó-Datteln)

Glikó finíki

1 kg nicht zu reife Datteln
geschälte Mandeln
1 kg Zucker
2 Tütchen Vanillinzucker
2 TL Zitronensaft

◆ *Die Datteln entkernen und mit je einer Mandel füllen. 1/2 l Wasser zum Kochen bringen und den Zucker sowie den Vanillinzucker darin lösen. Mit dem Zitronensaft säuern. Die Datteln in den Sirup geben und 10 Minuten leicht köcheln lassen.*
In kochendheiß ausgespülte Gläser geben. Wie bei der Marmeladenzubereitung luftdicht verschließen.

Orangenschalen in Sirup (Glikó-Orangenschalen)

Glikó portokalófluda

100 g ungespritzte Orangenschalen
150 g Zucker
1 Tütchen Vanillinzucker
1 TL Zitronensaft

◆ *Die Orangenschalen mit einem Messer abschaben, einrollen und mit einem halben Zahnstocher durchstechen.*
Für einen herb schmeckenden Sirup 300 ml Wasser zum Kochen bringen und den Zucker und den Vanillinzucker darin lösen. Mit dem Zitronensaft säuern. Die Schalen in den Sirup geben und alles 30 Minuten köcheln lassen.
Für einen milden Sirup die Orangenschalen zunächst 20 Minuten in Wasser kochen, herausnehmen und abtropfen lassen. 150 ml Wasser zum Kochen bringen und den Zucker und den Vanillinzucker darin lösen. Mit dem Zitronensaft säuern. Die Schalen in den Sirup geben und alles 10 Minuten köcheln lassen.
In kochendheiß ausgespülte Gläser geben. Wie bei der Marmeladenzubereitung luftdicht verschließen.

Anhang

Hinweise zur Benutzung

Die nachfolgenden Register wollen die Nutzbarkeit des Buches erhöhen und – durch Querverweise und Erläuterungen – Hilfestellung geben.

Mengenangaben

Bei Flüssigkeiten wurden Tasse und Glas mit 150 ml, EL mit 10 ml und TL mit 5 ml zugrundegelegt. Bei trockenen Zutaten bedeuten – falls nicht anders vermerkt – EL und TL jeweils gehäufte Eß- und Teelöffel.

Backtemperaturen

Die Backtemperaturen beziehen sich – soweit nicht anders vermerkt – auf einen Heißluftherd. Bei der Benutzung von Ober- und Unterhitze sind sie um 15 bis 20 Prozent zu erhöhen.

Verzeichnis der zyprischen Zutaten und der Ersatzprodukte

Die mit * gekennzeichneten Begriffe werden im Verzeichnis der typisch zyprischen Zutaten erläutert. Dort finden sich auch Hinweise auf Ersatzprodukte.

Rezeptregister nach zyprischen Bezeichnungen

Für die Umschrift der griechischen Wörter wurde die Transkription nach Duden gewählt. Alle Rezepte sind nach Originaltiteln alphabetisch geordnet.

Rezeptregister nach deutschen Übersetzungen

Alle Rezepte sind nach den ins Deutsche übertragenen Titeln alphabetisch geordnet.

Stichwortregister

Die wesentlichen Zutaten sind alphabetisch geordnet. Unter dem Stichwort »Hackfleisch« werden zum Beispiel nicht nur die Rezepte aus dem Kapitel »Hackfleischgerichte« aufgeführt, sondern auch »Würstchen im Schweinenetz«, »Kleine Fleischkuchen« oder »Eierzitronensuppe mit Fleischklößchen«, Gerichte also, bei deren Zubereitung Hackfleisch eine wesentliche Verwendung findet.

Verzeichnis der zyprischen Zutaten und der Ersatzprodukte

Anarí
Molkekäse

Nebenprodukt bei der Herstellung von *Challúmi*. *Anarí* ähnelt dem Hüttenkäse, ist jedoch cremiger und milder im Geschmack. Es gibt gesalzenen und ungesalzenen *Anarí*.
Kein vollwertiger Ersatz möglich, man beachte daher das Rezept zur Herstellung von *Anarí*.

Challúmi

Milder zyprischer Schnittkäse. Heute wird er meist aus reiner Kuhmilch hergestellt, manchmal wird aber auch Schafmilch mitverwandt. In Folie verschweißt oder in Salzlake eingelegt, hält er sich etwa sechs Wochen. Geöffnet trocknet er schnell ein und läßt sich dann hervorragend reiben. Im Geschmack ähnelt er Mozzarella, er ist jedoch salziger und fester.
Challúmi, ursprünglich wohl ein Beduinenkäse, ist im Libanon, in Ägypten und Libyen verbreitet. In Kolonialzeiten brachten die Briten ihn auch nach Australien, wo er unter der Bezeichnung *»Halloumy«* hergestellt wird. Seit einiger Zeit ist in Deutschland gelegentlich dänischer *Challúmi* zu kaufen.
Kein vollwertiger Ersatz möglich, man beachte daher das Rezept zur Herstellung von *Challúmi*.

Chiroméri

Sehr magerer Schinken, der 30 Tage in gesalzenem trockenem Rotwein eingelegt, getrocknet, gesalzen und schließlich geräuchert wird.
Ersatz: Parmaschinken oder deutscher Räucherschinken

Commandaría	Ein bernsteinfarbener bis dunkelroter Dessertwein, dessen samtiges, kandisartiges Aroma auf der Verwendung von gedörrten Trauben beruht. Bereits Hesiod schilderte um 700 vor Christus die Zubereitung des Nama-Weins, die bis in die Gegenwart fast unverändert geblieben ist. Seinen heutigen Namen erhielt der Wein, weil er in der Commanderie des Templerordens hergestellt wurde. Es wird berichtet, daß Sultan Selim II. 1571 die Eroberung Zyperns anordnete, weil ihm der von einem Händler angebotene *Commandaría* so sehr mundete. Die Venezianer nahmen den Wein von der Steuer aus und verwandten ihn als Heilmittel. Ersatz: Marsala oder Madeira
Fidés	Fadennudeln, die nur doppelt so groß wie ein Reiskorn sind. Sie werden als Suppeneinlage verwandt und zusammen mit *Purkúri* oder Reis gekocht. Ersatz: italienische Risoni oder zentimeterlange Spaghetti-Stücke
Filfár	Handelsname eines zyprischen Orangenlikörs Ersatz: Cointreau oder Grand Marnier
Glikó	*»Glikó«* nennt man in Sirup eingelegte Früchte. Sie werden zur Begrüßung von Gästen in kleinen Schälchen mit einem Glas Wasser auf einem silbernen Tablett gereicht. Ersatz: kandierte Früchte, sofern *Glikó* lediglich zur Dekoration von Süßspeisen benutzt wird
Grawiéra	Hartkäse, der dem Gruyère ähnelt, jedoch würziger ist. Das Wort *»Grawiéra«* ist von »Gruyère« abgeleitet. Ersatz: Gruyère, Emmentaler Käse
Hartweizenmehl *Aléwri choriátiko*	Hartweizenmehl hat einen hohen Glutengehalt. Es wird für Nudeln und Strudelteig (griechisch *»Fíllo«,* türkisch *»Yufka«)* benutzt. Ersatz (jedoch nicht immer ratsam oder möglich): Weizenmehl Type 405

Joghurt

Joghurt gehört auf Zypern zu fast jeder warmen Mahlzeit. Er wird aus Kuhmilch, Schafmilch und häufig einem Gemisch von beiden hergestellt. Mit einem Fettgehalt von meist sechs Prozent ist er fetter als deutscher Joghurt, fester im Anstich und voller im Geschmack.
Ersatz: griechischer Joghurt, der in griechischen und türkischen Geschäften verkauft wird

Kardamom

In den dreikantigen, weißlichen Kapselfrüchten der Kardamom-Pflanze *(Elettaria cardamomum)* befinden sich kleine schwarz-braune Samenkörner, die ein ätherisches Öl enthalten und, meist mitsamt der hellen Fruchtschale, zu einem grauen Pulver zermahlen werden, das schnell sein Aroma verliert. Kardamom hat einen süßlich-scharfen Geschmack.
Kein Ersatz möglich.

Karobensirup

Dieser Sirup wird aus den Schoten des Johannesbrotbaums gewonnen und ähnelt im Geschmack Rübensirup. Die griechischen Zyprer benutzen ihn als Süßstoff, während die türkischen Zyprer zum Süßen den ähnlich schmeckenden Traubensirup vorziehen.
Karobensirup wird, wie Traubensirup, mit *Tachí* gemischt als Fastenspeise gegessen. Daher stammt die griechisch-zyprische Bezeichnung: *»Méli tis tachís«,* wörtlich »Honig für *Tachí*«.
Ersatz: Rübensirup

Kaséri

Milder Schnittkäse türkischen Ursprungs, der mit einem Anteil Schafmilch hergestellt wird
Ersatz: Gouda

Kefalotíri

Auf Zypern und Griechenland hergestellter Hartkäse mit trockener, fettiger Rinde. Er wird aus Schaf- und Kuhmilch zubereitet. Junger *Kefalotíri* eignet sich als Schnittkäse und zum Backen, ausgereifter *Kefalotíri* ist trocken wie Parmesan und von ähnlicher Würzigkeit.
Ersatz: Hartkäsesorten wie alter Gouda, Emmentaler Käse, Sbrinz und insbesondere Provolone, Parmesan oder Fiore Sardo

Kolokasie
Kolokási

Colocasia esculenta oder *Colocasia antiquorum*, in Südostasien als *»Taro«* oder *»Kalo«* bekannt. Stärkehaltiges Knollengewächs, dessen Zubereitung einer besonderen Technik bedarf. Der Anbau der Kolokasie wurde im Mittelalter auf Zypern eingeführt. Heute ist sie weitgehend von der Kartoffel verdrängt worden, die im Anbau weniger Wasser benötigt.
Kein Ersatz möglich.

Koriander
Kóliandros

Koriander ist eines der wichtigsten Gewürze der östlichen Mittelmeerländer und ihrer Nachbarn. Die Samenkörner kauft man möglichst ungemahlen; wie Pfeffer werden sie unmittelbar vor dem Gebrauch gemahlen oder geschrotet. Korianderblätter werden wie Petersilie behandelt und verwandt. Sie haben einen völlig anderen Geschmack als die Samen. Das Kraut, in Südamerika, dem Orient, Nordafrika und Südostasien weit verbreitet, läßt sich in Westeuropa leider nur schwer finden. Frischer Koriander kann jedoch auf der Fensterbank in einem Blumenkasten aus den Samen gezogen werden. Wichtig dabei sind ein sonniger Standort und nicht zu alte Samen.
Kein Ersatz möglich.

Kreatokóloko

Markkürbisart, die den Zucchini ähnelt, jedoch eine hellere Haut hat und bis zu einem Meter lang wird. *Kreatokóloko* wird vor allem für *Dolmádes* verwandt.
Ersatz: große Zucchini

Kreuzkümmel
Artisiá

Cuminum cyminum wird auch »Römischer Kümmel« oder »Kumin« genannt. Er ist nicht nur unverzichtbarer Bestandteil der orientalischen Küche, sondern wird ebenso gerne in Indien wie auch in Mexiko benutzt.
Kreuzkümmel kann keinesfalls durch deutschen Kümmel *(Carum carvi)* ersetzt werden.

Lukánika

Geräucherte zyprische Würstchen aus in Rotwein eingelegtem Schweinefleisch, das mit Koriander, Rohrkolbenschilfsamen *(Schínos)* und schwarzem Pfeffer gewürzt wird.
Ersatz: Mettwürstchen, die, in dicke Scheiben geschnitten, mit zerstoßenen Koriandersamen ein bis zwei Tage in trockenem Rotwein eingelegt werden

Lúndsa

Ausgelöstes Kotelettstück, das zunächst gründlich mit Salz eingerieben und etwa zehn Tage in Rotwein eingelegt wird. Dann reibt man es mit Koriander ein, trocknet und räuchert es.
Ersatz: Kasseler Braten, der mit zerstoßenen Koriandersamen eingerieben wird

Mastícha

Die Harztränen des Mastixstrauches *(Pistacia lentiscus)* werden auf Zypern wie in Griechenland als Kaugummi, zum Würzen von Gebäck und Brot sowie zur Aromatisierung alkoholischer Getränke benutzt.
Kein Ersatz möglich.

Méchlepi

Das Innere des Kerns einer dunklen Kirschsorte wird auf Zypern, in Syrien und dem Libanon zur Würzung von Brot und Gebäck verwandt. Sein Geschmack ist süßlich-bitter.
Ersatz: Zucker mit Bittermandelaroma

Okra
Bámia

Die unreife Frucht des *Hibiscus esculentus*. Die grüne Schote enthält fünf Kammern mit Samenkörnern und hat die Form eines Fingers. Daher rührt auch der englische Name *»Ladyfinger«*.
Kein Ersatz möglich. Okras in Dosen sind nicht zu empfehlen.

Orangenblütenwasser
Anthónero

Wird aus den Blüten der bitteren Orangen hergestellt. Es ist in Apotheken erhältlich und sollte nur in Glasflaschen aufbewahrt werden.
Kein Ersatz möglich.

Portulak
Glistirída

Portulacca oleracea oder *Portulacca sativa*, eine einjährige Gemüsepflanze mit dickfleischigen Blättern und sehr herbem Geschmack, die auch in Deutschland bei reichlich Sonneneinstrahlung und auf leichten Böden gedeiht.
Kein Ersatz möglich.

Púlles

Die kleinen Knollen an den Ausläufern der Kolokasie. Sie haben etwa die Form einer Feige und schmecken leicht süßlich.
Kein Ersatz möglich.

Purkúri

In der Türkei als *»Bulgur«* gebräuchlich, in Deutschland unter seinem nordafrikanischen Namen *»Kuskus«* bekannt. Es handelt sich dabei um vorgekochten, getrockneten und gemahlenen Weizen. Aus ihm läßt sich eine dem Reis ähnliche, kohlehydratreiche Beilage zubereiten, die insbesondere in den nordafrikanischen Ländern zu den Grundnahrungsmitteln zählt. Es gibt grobes, mittleres und feines *Purkúri*. Je nach Qualität werden zum Kochen pro Tasse *Purkúri* 1 3/4 bis zwei Tassen Wasser benötigt. *Purkúri* ist in türkischen Geschäften und als *»Kuskus«* oder *»Couscous«* in gut sortierten Lebensmittelgeschäften erhältlich.
Kein Ersatz möglich.

Repáni

Roter Rettich in Rübengröße mit einem milden Radieschengeschmack
Ersatz: Radieschen

Romana-Salat
Marúli

Romana-Salat ist auch unter den Namen »Romania-Salat«, »Römischer Salat«, »Römischer Lattich« und »Bindesalat« im Handel. Gelegentlich wird er außerdem unter der irreführenden Bezeichnung »Sommerendivie« verkauft, obwohl er zu den Lattichen *(Lactuca)* und nicht zu den Zichorien *(Cichorium)* gehört.
Ersatz: Eissalat

Rosenwasser
Rodóstagma

Wird für viele orientalische Süßspeisen verwandt. Es ist in Apotheken erhältlich und sollte nur in Glasflaschen aufbewahrt werden.
Kein Ersatz möglich.

Sellerie

Auf Zypern wird meist Staudensellerie verwandt, der eine kleine Knolle und sehr zarte Stengel hat. Größere Sellerieknollen gibt es nur im Winter. Die Sellerieblätter werden als Gewürzkraut benutzt.
Ersatz für Sellerieblätter: Liebstöckel

Senfrauke
Rókka

Dieses Gewürzkraut *(Eruca sativa)* verleiht Salaten einen kräftigen und scharfen Geschmack. In der italienischen Küche ist es als *»Roccula«* und in Frankreich als *»Roquette«* bekannt.
Ersatz: Kresse

Sesampaste
Tachí

Tachí ist eine Paste aus gemahlenen Sesamkörnern. Die festen Bestandteile sinken zu Boden, das Öl setzt sich darüber ab. Wenn im Rezept nicht anders angegeben, ungezuckerte *Tachí* verwenden. Die gezuckerte Variante wird bei der Zubereitung türkischer Süßigkeiten benutzt.
Kein Ersatz möglich.

Sumach

Von dieser Pflanze *(Rhus coriaria)* werden die purpurnen Samenkörner als Gewürz verwandt. Sie sind von milder Säure. In türkischen Lebensmittelgeschäften erhältlich.
Ersatz: Zitronensaft

Tirí pafítiko	Würziger Hartkäse aus Páfos in Form einer länglichen Dose Ersatz: Parmesan
Traubensirup *Épsima* oder *Pekmez*	Wird als Süßstoff für Speisen und zur Mischung mit *Tachí* benutzt. Im Geschmack ähnelt er Rübensirup mit einem Hauch von Korinthen. Bei der Herstellung des Sirups werden oft einige Rosengeranienblätter *(Pelargonium capitatum)* zur Intensivierung des Aromas beigegeben. In türkischen Geschäften unter der Bezeichnung *»Pekmez«* und – seltener – in griechischen Läden als *»Épsima«* erhältlich. Ersatz: Rübensirup
Zucchiniblüte *Anthós*	Die Blüten der Kürbisarten, insbesondere die Zucchiniblüten, werden als besondere Delikatesse angesehen und entweder gefüllt oder mit Rührei zubereitet. *»Anthós«* ist das allgemeine Wort für »Blüte«, in der Küchensprache ist jedoch die Zucchiniblüte gemeint.

Rezeptregister nach zyprischen Bezeichnungen

Rezeptregister nach deutschen Bezeichnungen

Stichwortregister